未来を拓く
人文・社会科学

9

# これからの教養教育

「カタ」の効用

葛西康徳
KASAI, Yasunori
鈴木佳秀
SUZUKI, Yoshihide
編

東信堂

# はじめに

一九九一年、大学設置基準の「大綱化」以来、大学における「教養教育」はその内容、方法、そして教育システム、いずれにおいても混乱をきわめている。しかし、翻って考えるに、「大綱化」以前の教養教育は明確な方法と内容を有していたのかと反省するならば、果たして何人の教員と学生が自信を持って答えることができるであろうか。専門教育と教養教育ないし一般教育は、言葉の上で対置されていたに過ぎず、方法と内容において、明確な区別の基準はなかったのではないかとすら思われる。それゆえ、設置基準という規則上、制度上の根拠を奪われるや否や、教養教育も専門教育もともに、深刻な問題に直面し、まだ解決には至っていない。このあたりの事情は、本書の「鼎談」のところで再び取り上げたい。

かかる状況にあって、日本学術振興会人文・社会科学振興プロジェクト「これからの教養教育」の本研究グループ「教養教育の再構築」では、「教養」とは何かについて折に触れて議論するうちに、「カタ」あるいは「型」(以下、カタを用いる)という概念がキーワードであり、このカタが「カタクズレ」し、「カタナシ」に陥っているところに現在の教養教育、さらに大学教育全体の危機があるのではないか、ということが共通理解となった。そもそも、本研究グループ発足当初、そのグループ名の英訳に苦慮した挙げ句、「教養教育の再構築――Shaping the formulae for the promotion of critical abilities in arts, science and technology」とした際、カタの問題を先取りした形で取り入れていた。

ところで、このような抽象的、一般的なカタの概念にアプローチする際、各メンバーは個別専門分野をとおして考察せざるを得ず、逆説的にも議論はともすれば「専門化」する危険性があった。ここにはカタと各学問分野の「ディシプリン」はどのように異なるのか、という難問が潜んでいる。われわれはこの難問に対して、各ディシプリンの中での専門用語や約束事にできるかぎり依拠しないで、各学問が学問として成り立っているその根拠や条件をいかなる関心の学生にも伝える、そのような方法、およびその方法によって得られる学問内容を求めて苦闘した。佐藤彰一論文と小川浩三論文はこの試みである。

このような学問のカタが教えられ、また学ばれることによって、そのカタは引き渡されてゆく。しかし、この「引渡」は教える者と学ぶ者の共通の努力なしには、実現不可能である。またしばしば、この引渡は「戦い」とも呼べるほど苛烈である。なぜなら、少なくとも学ぶ者は最初はカタを有していないのであるから。そして何より「場」、すなわち教え学ぶ場のみならず、衣食住の場が必要である。このような諸条件を最も鮮明に伝えるのが、久保正彰の講演である。ここに読者は「カタとしての教養」の意義と力を具体的、かつ象徴的に見るだろう。このようにして、学問を成り立たしめている「条件と基礎」が引き渡されてゆく。

ところで、このような引渡はいわゆる同一物をコピーすることではない。引渡という実践の過程で、何らかの変化が生じる(ただしこれは「カタクズレ」ではない)。特に、言語、宗教など文化的諸条件が異なるときは不可避である。これはギリシア・ローマ以来一貫した文化的伝統を誇っているかに見える西洋でもまぬがれることはできない。安西眞論文は、古典文献学を対象にこの問題に正面から取り組んでいる。さらに、「翻訳」の問題がある。日本文化を理解する上で、特に近代日本の大学教育を考える上で、翻訳作業およびその帰結は決定的に重要である。翻訳を通じて生じた新たなカタが、翻訳前のカタの目の届かないところで一気に普及する。翻訳とは「界面（interface）」である。従来、わが国では、翻訳はもっぱら外国文化の受容（reception）として捉えられ、翻訳が引渡の両当事者（両文化）の交流をブロックする機能を果たすことが、十分に自覚されてはいなかったように思われる。外国、特に西洋から見て、日本の翻訳はブラックボックスである。新田一郎は、このような言葉や文字をめぐるカタの普及問題を、日本語と中国語の「界面」をなす「漢文」を例にとって、しかも日本文化の長いパースペクティブ（日本中世から携帯電話まで）の中で社会構造と関連づけて考察している。そして最後に、「発信」の問題がある。草稿、原稿そしてオーラルなプレゼンテーションへの展開を通じて、リテラシーがいかに多くをカタに負っているかを、読者は石井紫郎論文の中に見出すであろう。

本書は当初、人文・社会・自然の各分野にわたる諸論文をまんべんなく収納することを意図していたが、紙幅の関係から今回は主として、人文社会科学の分野に限定せざるを得なかった。自然科学の分野で論文として寄稿された諸論稿は、そのエッセンスをコラムという枠の中に抽出して収録した。あるいはまた、研究会で何回か試みた、「マーカー」としての立場からのコメントというやり方を本書でも試み、それをコラムとして採録した。

本プロジェクトには、もう一つの研究グループ「グローバル化時代における市民性の教育」がある。教養の「場」問題をめぐって、同グループのリーダーである佐藤学教授を招いて、「これからの教養教育」のリーダー鈴木佳秀、研究グループ「教養教育の再構築」の葛西康徳で鼎談を実施した。この中で、教養教育が中等教育と高等教育の双方に密接に関わる問題であることが改めて深刻に認識された。そこで、最近試みられている非常に注目すべき実践例を、比較教育学的視点の下に紹介した。

このように本書は、種々の問題を抱えながらも近代以降の日本において行われてきた教養教育を知の遺産として評価した上で、「カタ」の獲得、引渡、そして披露という三つの側面から捉えることによって、その再構築の可能性を探ろうとした試みである。

最後に、編集作業において一から十までお世話になった星野紘一郎氏に対して、また、事務を担当した江辺賢哉氏に対して、心からお礼申し上げます。

# 目次／これからの教養教育――「カタ」の効用

コラム

装丁：桂川　潤

## ◆本書を読むためのキーワード

### フィロロギカ

西洋古典文献学研究会の名前であると同時に、その会が発行する学術雑誌の名前。日本でも、本文校訂を目標として西洋古典の研究を進めるべきだとする主張を持つ。また、古典語修得の目標設定を、単に西洋古典が読める、にではなく、注釈付きの古典作品の校訂が出しうる程度に置くべく変えるべきだ、という主張を持つ。

### recensio

写本が書写された歴史。また、それを追求する方法や、そのための資料(異読の調査)の収集を指す。また、その解明された限りの歴史を逆にたどって、われわれが持つ中世写本から、その最古の層の一つ前の段階の形を定める過程を指す。

### Divinatio

単純な論理をあてはめてほぼ機械的に、recensioから祖本の形が想定できないというような場合、伝承に現れたどの形が祖本の形としてよりふさわしいか判断する作業。また、祖本の形を確定しうるとき、その形が最初に文字として定着した形としてふさわしいかどうか判定する判断を指す。

### 歴史記述

歴史の出来事を、それが起こった時代に自らの見聞をもとにして直接的体験として書き記した記録。それは必ずしも目撃した事実に限られることだけではなく、同時代のその場に居合わせた者から得た伝聞的な事実も含まれる。それらの証言が事実に即した正確なものであるかどうかは二次的であり、可能であればそれらは別途個別の事実ごとに検証されなければならないが、肝心なのはそれらの同時代性であり、記述を支える時間的コンテクストの相対的均一性である。

### 歴史認識論

ここで言う歴史認識論とは、歴史的な出来事のあれやこれやの事実性を問題にすることではなく、そもそも「歴史」とは、どのような本質をそなえた事実認識であるかを議論することである。「机の上に一個の林檎が一枚の皿の上にのっている」というのは視覚で把握された紛れもない事実であるが、歴史認識はそうした直接的な事実の認識とは根本的に異なる認識様式である。それは諸事実の塊に意味を与える認識作業であり、選択された諸事実を用いての知的構築作業の性格をまぬがれない。

### 意味（作用）

歴史的な事実が、通常の事実一般と異なるのはそれが「意味」を負荷された事実であるという点である。ある出来事が歴史理性の対象になるのは、それが意味作用を有しているからである。まったく意味作用を欠いた事実の記録があったとしたら、それはいかなる仕方でも歴史記述ではあり得ない。このことを裏返せば、歴史記述として自己認知している記述は、必ずストーリーを内在させている。それがとりもなおさず「意味」作用である。

### 裁判

裁判は、金銭を強制的に支払わせる、犯罪者を刑務所に閉じ込める、あるいは、殺すといった実力行使を「できる」「許される」と認める行為である。「許される実力行使」を「法」、「許されない実力行使」を「不法」と言うとすれば、裁判は法と不法を識別し、法と認められた実力行使だけを許し、それ以外の実力行使はすべて禁止する。その目的は、実力行使が抑制を失って暴走すること、つまり暴力化を防止することである。裁判が、このような機能を発揮できるのは、裁判を支える共同体（社会）の皆の承認に支えられているからである。法と認められた実力行使に対する反抗は、社会を構成する皆の数の力による威嚇によって抑えられる。

### セカンド・オーダーの観察

実力行使が暴力化する主要な原因の一つは、実力行使者が自分は正しいと思っているからである。しかし、これは単なる主観的な観察に過ぎない（ファースト・オーダーの観察）。それぞれが自分は正しいと思って実力行使に訴えれば、暴力は抑えられない。主観的な観察に基づく暴力を抑えるには、こういった観察を行っている自分は、あるいは間違っているかもしれないという、別のレベルの観察、「観察の観察」が必要である。これをセカンド・オーダーの観察と言う。これに基づけば、自分の観察が正しいかどうかを問い、環視する衆人の承認を得た上で実力行使に訴えるようになる。この衆人環視が制度化されたものが、裁判である。

**儀礼**

環視する衆人の承認を得るためには、当然のことながらその意図が衆人に伝達されなければならない。しかし、コミュニケーションにおいては、伝達者の意図と受け手の理解との間に齟齬が生ずるのは、通常のことである。まして受け手が多数であれば、それぞれの受け手の解釈がバラバラになる可能性がある。それでは、環視する衆人の承認は得られない。多数の者が同じ意味で理解することを確保するためには、決まった言葉、決まった動作について、各人の解釈を不可能に禁止し、決まった意味だけで理解するようにしなければならない。こういった決まった言葉、動作を儀礼と言う。儀礼によって環視する衆人の承認=裁判が可能になる。

**「故実」「作法」**

「世間」の中でどのように振る舞うべきか、どのように振る舞うことが期待されているかは、理屈でわかることではなく、自分で体験を積み重ねて推察するか、でなければ物知りに教わる必要がある。それゆえ、故実作法を伝授することは、（現代でも「仕来り」「作法」を教える書物が時にベストセラーになるように）しばしば経済的な利益にも結びつく。たとえば近世武家社会において、役務上の作法を教えてもらうには非公式の対価を要するという、そのこと自体が故実であり作法だったわけだが、それを軽視すると、指南役に意地悪をされて恥をかき、逆切れして、その身のみならず家臣をも巻き込む「御家断絶」の憂き目を見た、浅野内匠頭のようなことになりかねないのであった。

**リテラシー**

英語 literacy には、しばしば「識字」という訳語が当てられるが、必ずしも適訳ではない。最近では「メディア・リテラシー」「科学技術リテラシー」などという言葉も用いられているところで、いずれにせよ流通している情報を適切に受信し理解する能力を指す。したがって、「リテラシー」は一かゼロかで測られるものではなく、理解の、あるいは理解を留保する能力の度合いをもって測られる。世間に流通している情報には、しばしば明示されない前提条件が「カッコに括られて」付随している。そうした条件によって画される限界を踏まえ、安易に「わかったつもり」にならないことも、リテラシーの重要な要素なのである。

## 「文書」という「カタ」

一九九七年に公開されたアメリカ映画「セブン・イヤーズ・イン・チベット」に、次のようなシーンがある。主人公のオーストリア登山家が第二次世界大戦中のインドでイギリス軍の捕虜となり、脱走して鎖国中のチベットへ逃れようとした際のこと、国境警備の兵士に通行証の提示を求められ、持ち合わせた薬の使用説明書を見せて入国を果たす。警備の兵士は、提示されたものが「文書である」ことは理解できても、その内容を読むことはできない。きちんとした書体で何か書いてあるという「カタ」を手がかりに、あたかもそれが通行証であるかのように振る舞うことによって、当座の問題を処理した、というわけである。

## 教養教育・教養部・大綱化

一九九一年、文部省(当時)は、各高等教育機関が、教育研究の多様な発展を図ることができるようにするため、高等教育の枠組みとなる大学設置基準を可能な限り緩やかなものとする改革を行った。これを「大綱化」と言う。その結果、戦後の大学改革以来続いていた授業科目区分(一般教育科目、専門教育科目、外国語科目及び保健体育科目)は廃止され、いわゆる「教養教育」と「専門教育」の区別も制度上の根拠を喪失した。さらに、従来教養教育の責任担当をしていた教養部という組織も解消した。しかし、現時点ではほとんどの大学で、依然として「教養科目」ないしそれに実質的に相当する科目と専門科目の区別を維持しており、その内容、教育方法、さらにシステムについて模索が続けられている。

# これからの教養教育
## ――「カタ」の効用

# 第一部　「カタ」としての教養

# 古典文献学とはどういう学問か
## ——人文学の「カタ」

安西　眞

### 一　「フィロロギカ」という研究会

この文は、古典文献学という新しい学問が日本に紹介されて、その概略を説明するというような趣旨で書かれているものではない。後の説明でわかるであろうとおり、この学問の基本的な形態は、紀元前三世紀から約一五〇年間、エジプトで熱心に実行されたものであるし、もしかしたら、ホメロスが最初に組織的に文字化された紀元前七世紀ないしは六世紀に、人間たちはその最初の課題に直面していたかもしれない。それほど古く、またヨーロッパの人文学の中心を占めてきたものである。また、日本の人文学者たちもこの学問についてまったく無関心であったわけでもなく、明治以降いくつかのこの分野への真剣な取り組みがあったことは知られている（池田亀鑑『古典の批判的処置に関する研究』全三巻、昭和一六年。これは実は世界中の文献学者たちが欧語に翻訳されることを待ち望んでいる書物であるが、適当な人材を得ることが絶望的に難しいこともあって、まだ、要望に応えられないでいる）。

この文の書き手は、この古典文献学という学問の成り立ったその本来の文献（西洋古典）に対して、この学問の根幹（本文校訂）に関わる実行を日本人も行うべきだと考えている人間である。したがって、この学問の核心をなす本文批判の方法についてごく簡略な説明がここではなされるが、書き手は同時にどうしてそのようなことをわれわれもしなければならないのか、その考えの一部でも理解してもらいたいという希望をも込めて書いている。その主張自体は長い説明と、実際に西洋古典文献を古典文献学的に読み解いてみせるという実例とともになされるべきことであるから、別に一冊の本を必要とするということは重々承知している。したがってここでは、主張はごく一部ということで我慢しなければならない。

ちょうど二一世紀になる頃から、日本西洋古典学会（京都大学に事務局）に属する若手・中堅を中心にして「フィロロギカ」という名前を持つ研究会集団がつくられ、そこで研究会活動が続けられてきた。この集団は、現在、会員として登録をし、会費を支払っている会員の数が九〇名に達する規模になっている。機関学術雑誌（『フィロロギカ』）を持っており、現在その三号目（年刊）を制作中である。日本の学問の世界では、九〇名の規模の団体で雑誌もまだ二冊しか発行していないとなれば、言うに足りないものにしか過ぎない、とも言いうる。筆者は、その雑誌の編集委員会の長を務めており、この研究会が続き、発展することを願って活動してきた。この「学会」（まだ、学会としてしかるべきところに登録していないので鍵カッコを使うことにする）が、日本の人文学あるいは学問全体の中で担っている意味は、その集団が新しく、また、まだ小さいという事実に見合うほど小さなものではない。古典文献学の基本的な方法を紹介するこの文では、無論、その自覚のすべてを言い尽くすことはできない。だがそれでも、人文学の一つの分野としての古典文献学が持つ学問や訓練のカタを説明する中で、その自覚の大切な部分は伝えたいと願っている。

さて、その自覚に関わる一つの挿話を最初に語って、言い尽くすことのかわりにしておきたい。機関雑誌『フィロロギカ』を制作するという決意について議論する委員会が開かれた際には、その使用言語を欧語にするか、日本語中心にするかについて、「学会」をリードしていくべき中心活動者たちの間で議論があった。雑誌への常連の論文投稿者になるだろう人々が、英語やその他の言語で論文の執筆活動をすることに決定的な障害を感じるとは思えなかった。だから、ヨーロッパ古典を対象にした古典文献学雑誌が、日本でも欧語で刊行されるということ自体には問題はないし、実際の障害もなかったとも言える。むしろ、ヨーロッパで現に発行されている幾多の分野を同じくする雑誌を横目に見ることができるし、それと肩を並べることをひとまずの理解しやすい到達点として設定できるという意味では、欧語による論文活動には大きな長所があるのだ。

しかし、にもかかわらず、雑誌の総体としては日本語で活動することを私たちは選択した。というより編集委員長である私がなかば強引に主張して、その意見を中心メンバーたちに認めさせたと言ったほうが正確かもしれない。ただし、何年かに一冊程度の割合で欧文による「選定版」を出すという条件を付けて。それが私たちの活動の発表形態としては、私たちが存在している意義にうまく対応していると筆者は判断したのである。その意見の詳細をここに記すことはできない。しかし、ここで以下に記される古典文献学の紹介と関わる部分があると思えるので、その「意見」の内実に関わる洞察についてひとことだけ言っておきたい。それは、日本人研究者が西洋古典の文献学に関わる根幹的な問題を補足し、その問題をあくまで文献学の原則を踏まえた上で探求し、なにがしかの成果を生み出そうと努力するということは、おおげさに言えば、日本語でなされてきた「人文学」の総体が、ギリシア語・ラテン語の文献を基礎に成立しているヨーロッパという概念、あるいは「人文学」の総体と斬り結ぶということにほかならないだろう、という洞察あるいは予感が私にあったということだろうと思う。こういう予感を前提にすれば、根幹的な問題の設定にせよ、探求の方法にせよ、その方法を支えるある基礎的な思考にせよ、そして、そこで生み出される成果にせよ、単にヨーロッパで行われている文献学的営為と外形的には同種のものだから、ヨーロッパ語でなされるべき何かと同じものとは言えない。そして多分、それは日本語でまずはなされてしかるべきものである。これが、古典文献学を主題とする学術雑誌を発行しよう、ということになり、そして、その場合、言語としては何を採用するべきか、という議論になったとき、私が強引に、基本は日本語でという路線を主張した理由である。

もちろん、先のような事情は、ここでさらに展開されて論じられるべきこととは言えない。しかし、それでも、その要点はここに記しておかねばならないような気がする。日本人が、以下に解説するような基礎の上に成立しているところの「西洋古典」本文を、単に日本語による人文学の総体の中へと、日本語に翻訳して取り込むということ以上のことをしようとするとなると、それはどうしても文献学・本文批判と関わる作業をすることにならざるを得ない。そして、それを断じて実行するべきだ、というのが『フィロロギカ』の主張だと言ってよい。そういう決断を含んだ形で、以下に略述するようなカタを有する、古典文献学の根幹を占める本文批判という作業過程を含むところの西洋古典の解読を日本でも始めようとわれわれはしており、始めつつある。そういう状況を背景としての、以下は、古典文献学についての方法概説であることを読者にはあらかじめ知っておいてほしかったから、以上の解説をあえてした。日本の近代が取り入れた人文学が何であるか、あったかということに関する常識的な判断からすれば、本文批判をするところまで含んだ西洋古典文献学を実行するということ自体「余計な」ことである。実際、幾つかの場所でわれわれがいわば旗揚げの主張をした際にも、この学問に関わる人たちのかなりの部分は「余計なことをする必要はない」的な反応を見せた。本文批判を含んだ古典文献学を実行するということは、西洋の古典文学・文献に関わる学問をするということに当然含まれた部分であるとは、少なくとも日本ではまだ認められているわけではない。したがって、筆者の解説もある主張を当然含まざるを得ない。諒解してもらいたい。

## 二　古典文献学の目的

ここでは、古典をヨーロッパの古典に限定する。古典文献学とは、簡単に言えば、これらの古典を正確に理解するための方法である。われわれの先達の言葉を借りれば「原初の光」を取り戻すための方法である。古典文献学という学問分野は実は広く、あるいは周辺がどこまでであるか正確に決まっているわけではなく、多くの下位分野を包摂する。ここで説明されるのは、その中核を占める本文批判という学問行為を中心にした部分に絞りたい。

順に説明していけばわかってくることであるが、本文批判という学問行為は、当該の古典文献の種類によれば必要でない場合もありうる。「原初の光」たる本文とわれわれが現在通常読んでいる本文との間に決定的な齟齬が存在しなかったという場合であれば、本文批判は必要ではない。だから、当の古典文献を正確に読み解く作業に関して、本文批判が必須の作業でない場合もありうる。それは、古典という概念の規定、何が古典であるかという共通諒解の有無とも関わっている。そして、古典という概念の規定をゆるくすれば今言ったように本文批判を必要としない古典もありうる。すると、本文批判を古典文献学の核心としておきながら、本文批判を含まない古典文献学もありうるわけで、今言ったこと、すなわち、本文批判が古典文献学の核心だという言葉の意味が不明になりうるが、これは、古典という言葉の規定の仕方の問題であることをもう一度指摘しておいて、このことはここでこれ以上論じない。

さて、ギリシアやローマを、正確にはギリシアやローマの人々が書き残した文献を「発見」することによってルネサンスが始まった、と言ってよい。だが、人文学に関して言うならば、これに活版印刷術の発明・発展を、近代ヨーロッパをつくり出した必須の要素として加えなければならないだろう。イタリアを中心に始まった古典ヨーロッパ文献の印刷本の制作が、つまり何万冊の規模で制作されうる均一なホメロスやプラトンやウェルギリウスが、ヨーロッパという概念の均一の祖形を担う形でヨーロッパの隅々までを覆うことができなかったならば、ルネサンスがヨーロッパを変える力を持ち得なかった。

印刷術が参加するまで、これら古典は、紙にあるいは羊皮紙にインクで書かれた手写本（manuscript）として、あるいは発見され、あるいはビザンツから輸入されてきていた。このままでは、つまり、あいかわらずギリシアやローマの古典が書き写すしかない文献であり続けていたとすれば、たとえば『イリアス』がヨーロッパの人間たちの、ヨーロッパという概念を統一する大事な要素となるような共有物となることはできなかった。また、それら手写本をさらに手写しても、それが古典を核としたヨーロッパという概念を生み出したとは考えられない。印刷術の獲得がルネサンス（古代ヨーロッパの再発見）に重要な役割を果たした、という事情はそういうことである。

さて、この印刷術の恩恵を受けた古典たちであるが、それぞれの古典作家たちの最初の印刷本（editio princeps と呼ばれる）は、それまで書き伝えられてきた手写本とどういう関係にあるのか。

現在、校訂された古典文献は、その冒頭に校訂序文（praefatio）を持つのが普通である。そこでは、当の文献（たとえばエウリピデスの悲劇の特定の作品あるいは作品群）を伝える中世写本を中心とした（二〇世紀以降は、これにパピルスも加わることが多い）文字伝承の核心部分が記述され、伝えられた写本その他の伝承形態が明らかにされる。あるいはもっと正確に言えば、当該の作品の伝承の形態に関して、現在において明らかになっていると校訂者が考えるものが明らかにされる。そこで明らかにされる伝承形態は、また、そのまま、その校訂本をつくる際に校訂者が依拠した、本文構成上の原理でもある。現在のところ、こういった校訂本文を持った日本人による校訂本は存在しないので、残念ながら、これこれの本を参照せよ、として例に挙げるものを筆者は持っていない。「フィロロギカ」という研究集団の大きな目標の一つは、近い将来それを持とうということにある。

さて、こういう形態の校訂序文を初期の印刷本は持っていない。「最良の手写本を比較検討して本文がつくられている」というようなことが徐々に校訂本の副題として謳われるようになってくるのは、最初期の印刷本からしばらく経過してからのことである。したがって乱暴に言えば、最初の印刷本には、もちろん手写本によって伝えられた文字を基礎に成立したたには違いないが、どのようにしてその伝えられた文字を基礎にするのか、ということに関して方法と呼ぶべきものは存在しなかったと言える。

文字伝承の歴史的経緯をできる限り明らかにして、その歴史的経緯の上に古典本文のたどりうる最古の形をまず確定し（recensio と呼ばれる文献学の作業の大きな部分）、確定できない部分や、確定できたものが「原初の光」を反映していないと疑われる部分については、取捨の判断をし、あるいは妥当と判断できるような改変を加える（divinatio と呼ばれる作業である）。これが、現在の古典文献学の核心部分である本文批判、言い換えれば批判本文の構築というものの内容のきわめて大雑把な記述だと言ってよい。また同時に、近代ヨーロッパ古典文献学が、初期の印刷本作成から出発してたどり着いた場所の記述でもある。

近代ヨーロッパ古典文献学と断り書きが付いているのは理由がある。これの古代版があるからだ。古代ギリシアの都市国家時代を終わらせたアレクサンドロスの大帝国は、四つの部分に分割された。ヘレニズム時代である。四つの帝国は、いずれも自分たちが息の根を止めた都市国家社会（古典期ギリシア）の文化の継承に熱心であったが、中でもエジプトを領したプトレマイオス朝は特に熱心であった。アレクサンドリアに大図書館をつくり、その都市国家社会が産出した文学的・人文学的成果を収集し、自分たちが理解すべき、そして以降の人類が理解すべき、その諸成果の、享受されるべき、そして以降に伝わっていくべき形を定めた。編集作業である。すでにそのとき、たとえばホメロス『イリアス』は、伝承系統ごとに、違ったものとして伝わっていたからである。極端に言えば、個別の本ごとに違った『イリアス』という作品が存在するような形で伝わってきていたのだ。それをこの大図書館に収集された膨大な本の比較校合を基礎として実行した（一五〇年が費やされたという）。文字伝承という歴史的な側面が、どれほどその校合の際の原理として自覚的に採用されたかは、その編集作業に関わった学者たちの方法原理がまとまったものとして伝わっていないので、争われているところではあるが、基本的な原理が本文批判と呼びうるものであったこと、また、その作業の目的が「原初の光」の再現にあったことは疑いないところである。

## 三　近代本文批判の方法の基礎

以下、本文批判の骨格である recensio と divinatio について概略を説明する。その前に、この西洋古典文献学の骨格部分が成立しているいくつかの前提について語っておく必要があるように思われる。筆者は、日本で実行されているいくつかの文献学的分野（日本語古典、中国語古典、インド古典など）を垣間見た経験があり、それらと西洋古典文献との違いは単に個々の作品の内容や言語だけでは済まないものであることを知っている。できるだけ客観的な西洋古典文献学の概略を提供するには、この文献学的方法が持っている文献学の方法としての基盤に関わる固有な点も言っておく必要があると思うからだ。

一番大きな点は、古典文献が創作された時代と、それを伝えた中心的機能を果たした中世ギリシア語世界（ほぼ九世紀から一五世紀に重要な中世写本は書き写された）の間に、文化的・言語的に大きな断絶がある、ということである。二つ要点がある。言語の歴史と、宗教の歴史に関わることである。

中世写本は、ギリシアとビザンツで書き写された。ビザンツで書写されたものが大半を占める。四つの方言で地域に密着して使われていたのが古典ギリシア語である（ほぼ紀元前三世紀まで）。そのうちのアッティカ方言を基礎にヘレニズムギリシア語（コイネ＝共通語）ができる。これは地中海の東半分の沿岸を中心に成立したアレクサンドロスの帝国およびその後継帝国の公用語になる。つまり、ギリシア語は、これを習得語として獲得した人々と共有する言語になるのである。さらに、ローマ帝国の東半分の部分の半公用語となり、東ローマ帝国の公用語となり、ビザンツ帝国の公用語として使われた。きわめて大雑把な言い方をすれば、ギリシア語古典文献をつくり出した人々は生得語（native language）としてのギリシア語を駆使して創作した。しかし、それを書写した中世写本の写し手にとっては、ギリシア語は習得語であった、とほぼ言える。言語の変化の大きさを客観的に表現することは難しい。しかし、中世ビザンツ社会で、古典ギリシア語文献の書写を推進した知識人たち、そしてその書写の実際の担い手となった写字生（scribe にこの語を当てることにする）たちのギリシア語と、古典文献のギリシア語との間にあった開きは、古典中国語と古典中国語文献を書写した人、古典日本語とそれを書写した人、そういう者たちの間に横たわるものとは異質なものであったことはほぼ理解できるのではないだろうか。

第二は宗教的な断絶である。ビザンツ帝国はもちろん東方キリスト教の国家である。宗教はどの宗教にしても異教徒に対して寛容とは言えないが、キリスト教の異教世界に対する非寛容はよく知られた歴史的事実である。一方、古代ギリシアの宗教は、多神教で、動物（羊・牛など）犠牲を中心祭事として持っていた。キリスト教の側から言えば、自分たちの周囲にどのような形でも存在することが許されないような異教である。実際、古代ギリシアの祭儀の残滓がキリスト教会から圧迫され壊滅させられたのは歴史的な事実である。また、紀元後六世紀から九世紀に至るまでの間、古代ギリシアの文献が書写された痕跡はほぼ皆無であるが、この事実と、キリスト教教会が古代ギリシアという異教社会の文献を敵視したという宗教的な態度とは深い関係にある、と断言してもそれほど歴史の事実に反しているとは思えない。

ビザンツでの古代ギリシア語文献書写および研究の復活は、おおむね教会内の教養人が主導したものだが、これは教会が古代という異教社会を知ることを勧めたからとは決して言えない。教会の排斥にもかかわらず、「原初の光」の、あらがいがたい誘惑がこれら教養人たちを動かした、と記述すべきものであろう。これは、同じく異教社会であるローマの文献にのめり込んだローマ・カトリック教会内部、およびその周辺にいた教養人の置かれた場所と同じであったと思う。

こういう事態は、平安期の日本語古典を伝承した鎌倉期や室町期の教養人が、平安期の日本語文献に対して持っていた言語的なあるいは文化的な関係を思い浮かべるならば、かなり特異なものだということがわかるだろう。彼ら（京都・鎌倉にいた平安貴族の後裔）は決して平安期の文学文献を隔絶した社会の産物であるとは感じていなかったであろう。文化的にも、言語的にも。

もちろん、鎌倉期や室町期に書写された日本古典文献とヨーロッパ中世期に書写されたギリシア・ローマ古典文献の違いは、今言ったことばかりではない。また、その違いをいちいち取り上げて検討することがこの文の目的でもない。文献の書写伝承に関わる決定的な違いと見えることを言うために、この違いを取り上げたのだ。

こういった断絶という事実がもたらす文献伝承上の大きな違いとは何か。書写の際に過誤が生じた場合、ビザンツ期に書写されたギリシア語古典では、過誤を修復したり、糊塗したりという修復がきわめて難しい、という事態である。言語的にも、世界観の上でも隔絶した文献を彼らビザンツの人々は扱っていたので、いったん伝承の過程で過誤が生じると、修復することがきわめて難しいということになるのだ。この難しさは、古典ギリシア語文献がアルファベットという、記号としては抽象度の高い土台の上に成立したという事実も与《あずか》っているだろう。言語・文化が連続的に変化し、書写者が書かれた古い文献にある程度以上の理解があれば、漢字や漢字まじりの日本語で伝えられた文献ならば、ある時期に伝承中に起きた過誤が回復されるということがかなりの可能性をもって考えられる。漢字は、その形そのものに意味が込められているために、ヨーロッパ語の単語一語の中の一字のミススペリング程度の過ちであれば、後に回復されうる、ということは大いに考えられるのだ。

言語的な難しさのゆえに生じた過誤（というより、実際はかなり意図的な書き直しと言うべきだが）が修復されないまま今日まで、ということは、ルネサンス以降の文献学者によってもきちんと解決されないまま今日に至っている事例については、『フィロロギカ』第一号の筆者の論文（安西眞「エウリピデスと ou pou 疑問文」七五―八七頁）を参照されたい。また、世界観の違いのゆえに、今日読み方が混乱している事例については、『フィロロギカ』第一号に掲載された同じく筆者の論文（安西眞「Sophocles Ajax 一三七三」、六七―七三頁）を参照されたい。これは、中世写本はおそらく正しく伝えているのであるが（したがって過誤は書写伝承の時期以降に生じたことになる）、ルネサンス期以降の近代の文献学者たちがゆがめてしまったままになっている特異な事例である。そこに生じている過誤の原因は世界観の違いゆえの無理解である。

さて、こういった書写伝承の根本的な性格から、ヨーロッパ古典の場合、「伝承順位上、より後に位置する書写は、より前の書写より劣っている（recentiores deteriores）」という大原則が成立する。しかし、この原則が必ずしも古典文献全般に共通するものとは言えない。この原則は、過誤が原則的には、修復も修理もできないまま、文献が非可逆的に、つまり単純劣化という形で伝わっていく、という事情の上に成立しているからだ。だからこの原則は無限定に他の古典文献に適用できるわけではないし、適用できないからといって、西洋古典文献学が一般に、たとえば日本古典文献学には参考にはならないということにもならない。要は、文献の伝承は、個別の作品の伝承がそれぞれ置かれた個別の歴史的な事情に応じた形を明らかにすることにあり、これは人間や民族の歴史が個別のものであるのと同様のことである。「作品の数だけ文献伝承史がある」のだ。recentiores deteriores は、西洋古典文献の場合おおむね通用する原則であるというに過ぎない。たとえば、伝承の途中で古い写本がある偶然で発見され、一部の伝承に組み込まれ（そこでは伝承の混交 contamination が起きる）た場合や、そういうことが起きたのではないかと疑われている作品伝承が少なくない。そこでは先の伝承原則（recentiores deteriores）が正しいとは言えない。

西洋古典の場合、日本古典の写本に多く付されている「奥書」はない、と考えてよい。つまり、何という本を手本にして、誰がいつ当の写本を書写したのか、という書写に関する情報は基本的には写本に書き込まれていない。この情報は、書写伝承を知る上できわめて重要なものであるから、これを日本古典が多くの場合持っており、西洋古典は多くの場合持たないという事実は二つの古典伝承の伝承主体に関して非常に大きな差異だと言える。日本古典の伝承主体のほうが文献学的な水準でより自覚的であったということである。これに反して、西洋の古典の場合、少なくとも中世写本に関しては、書写に関わった人間は、文献学的な配慮の欠けた人間だと言いうる。これは、ギリシアやローマの古典が scriptorium（書写工房）と呼ばれる場所で、手間賃で雇われた書写職人によって書き写されたという事実に対応する。

## 四　recensio と divinatio、エウリピデス『トロアデス』を例にして

これから後は、具体的な作品の伝承を題材にして話を進めたほうがわかりやすいように思われる。こ

こでは、エウリピデスの『トロアデス（トロイアの女たち）』という作品を題材にして、本文批判の実際の例を説明していきたい。この作品は伝承史的に見るときわめて簡素な形で（つまり、本文を伝える写本があまり多くない）われわれのところに伝わっており、本文伝承および本文批判を理解する上で、その理論上の側面が把握しやすいという利点を持っているように思えるからだ。

最初に、エウリピデス本文の伝承の大筋について解説しておこう。彼は約九〇の悲劇を創作したと伝わっている（『スーダ辞書』による）。それぞれの作品の最初の本文への著者の関与が、近代の概念におけるそれ（たとえば現在、本あるいは印刷された文がつくられるには、数次におよぶ校正・修正があることを思い起こしてほしい）と比べておそらくはるかに厳密さを欠いていた、と考えるべきだろう。また、ギリシア悲劇本文の場合、すでに古典期（この場合前四世紀）に、それぞれの作品の再演を通じて本文に異物が混入した（演出者・俳優による台詞の水増し）ことが疑われている。これらの事情については『創文』（二〇〇三年一―二号、一五―二〇頁、安西眞「都市国家アテネと悲劇上演」）に簡単に記してあるので参照してほしい。

現在、私たちが悲劇作家について読むことのできる本文は、それが信頼できるかとか、やさしいかとかを別にすれば、写本間の異同は絶望的なほど大きくはない。その大きな理由の一つは、言うまでもなく、アレクサンドリアに依った文献学者たちの努力の反映である。彼らが、自分たちのところまで届いた悲劇本文を一本化し（ついでに作品についての情報を整理して本文に加え、注釈を付け、つまりは、研究対象になりうる形に整えた）、以降の伝承が依るべき基礎をつくったからだ。悲劇本文に関して大きな役割を果したのはビザンツのアリストパネス（およそ紀元前二五七―一八〇年）である。私たちは、実のところ、アリストパネスが編集したエウリピデス本文を、回復するために努力しているとも言える。もちろん彼は創作者や偽作者ではなく、本文の編集・校訂者であるから、自由な創造を付け加えた可能性はきわめて低く、「エウリピデスには直接たどり着けないのか」と落胆する必要はない。ただ、彼や、その他の古代の編者の判断を通じてエウリピデスに到達しうるに過ぎないということは間違いのない事実である。

さて、彼が基礎をつくったエウリピデスの全作品の本文は彼の時代以後の古代伝承を支配したと思われるが、古代末期や中世初頭の伝承を担った伝承主体にとって、九〇の全作品をそのまま書写を通じて伝えていくことは、大きすぎる負担であったろうことは私たちにも十分理解できる。

そこで、アイスキュロスやソフォクレスのそれぞれの一〇〇前後の悲劇と同じように、「選集」が成立し、これが書写の対象になっていく（エウリピデスでは、『アルケースティス』『メーデイア』『ヒッポリュトス』『アンドロマケー』『ヘカベー』『トロアデス』『ポイニッサイ』『オレステース』『バッカイ』『レーソス』の一〇作品）。

ただ、エウリピデスの場合はある偶然のせいで、「選集」以外の悲劇も九作、ほぼ完全に残っている（『キュクロープス』『ヘーラクレイダイ』『嘆願する女たち』『エーレクトラー』『狂えるヘーラクレース』『イオーン』『タウリケーのイーピゲネイア』『アウリスのイーピゲネイア』『ヘレネー』）。これは、全集が写されていた頃、書写されたものの一部が偶然長く生き残って、「選集」と合体し、ある特定の中世伝承（通称LとPと呼ばれる一四世紀に書写されたきわめて似通った写本）に残された結果である。このLPという二本の写本は、「選集」部分でもかなり特異な伝承上の場所を占めていて、これから説明する『トロアデス』を材料にした本文批判に関わる説明に関係してくる。

recentiores deteriores という西洋古典書写伝承の原則のことは先に触れた。これと基本的には同じ理由によるのだが、写本排除の原則（eliminatio）というものがある。これは、ある現存する写本の直接か、あるいは間に現存しない写本を一代かそれ以上挟んだ写本、つまり直系の子孫は、校訂本文を判断する上で原則として考慮の対象とはされないという原則である。なぜかと言うと、書写は必ず誤写をはらむわけであるが、西洋古典の場合、先に述べたように誤写は回復されるという見込みはないから、ある現存する写本の写しは、その書写の対象となった写本の誤写をすべて回復しないまま含み、そして、それにその本固有の誤写を付け加えて劣化度を増すことになる。つまり、写された本をA、写した本をBとすれば、BのAからの逸脱は必ずAとの関係での「誤写」であって、校訂本文を再構成する際の考慮の対象になる「異読」ではないのである。

「異読（varia lectio）」と「誤写（error）」の違いについて触れておこう。本文を構成する際の情報として、校訂注に記載されるべきものが「異読」であり、校訂注で原則的に無視されるべきものが「誤写」である。現在の校訂本文は、中世伝承を中心とする伝承によって伝えられた古典本文の場合、中世伝承の伝承された最古の形の一世代前の本の形（祖本 archetypus）を回復することを何よりも目的とする。現在、校訂者たちは、きわめて多大の労苦を中世写本を対象に費やすためか、あまりにもこの祖本の形に拘泥する傾向が見えなくもないが、どのような校訂本文を導く原理をそこに適用するにしても、この中世伝承における祖本の究極的な重要性は変わらない。その祖本の形を再構成する際に、その再構成の基礎となるべき位置にある本どうしが見せる読みの上での差異が「異読」であり、書写順位上、それらに比べて下位にある本が、それらの「異読」に分類される写本の読みから離れる読みを伝えた場合「誤写」である。もっとも、幾つかの「異読」の中から一つの読みを祖本の読みとして認める場合、当然その他の「異読」を「誤写」と認めることになるのだが、それはまた、言葉の水準が違う用法ということになる。

さて、LとPはエウリピデスの「非選集」悲劇では、唯一の証人であることはもちろんであるが、「選集」悲劇でも、一四世紀という比較的遅い書写時代にもかかわらず、M、O、B、V、H等と略称される一〇～一三世紀に書写された古い「異読」対象本と並ぶ位置を与えられている。すなわち、本文校訂注に、L―Pがこれら他の本との間に見せる「読み」の上での乖離は原則的には（明らかな誤写でない場合）「異読」として扱われる。それは、このL―Pが前記の諸本と並びうる祖本に直接関わる本（Λ《ラムダ》と呼ばれる）のほぼ直接の写しと考えられるからである。

さて、『トロアデス』本文であるが、これは全文を伝える以下の六本の写本の形でわれわれに伝わっている。

(V) Vaticanus graecus 909　一三世紀
(P) Palatinus graecus 287　一四世紀
(Q) Harleianus 5743　一五世紀末か一六世紀初頭
(Neap.) Neapolitanus 165　一四世紀
(Va) Palatinus graecus 98　一四世紀
(Haun.) Hauniensis 417　一五世紀

これらは、ほぼ次のような書写関係を持っていると諒解されている。

**図1**の樹形図のようなものは（実際、stemma――樹形図――と呼ばれる）、簡単にできあがったものでもない。また、西洋古典の場合「奥書」を欠くのが通常であるから、だから、無根拠なものというわけでもない。先ほども言ったが、西洋古典本文の場合、いったん誤写が起きると、回復はほぼ絶望である。したがって、書写の順番に関して下位にあるものは上位の本の誤写を基本的にはすべて受け継ぎ、それ独自の誤写を加えていく。さらにこの本の写しは、この増えた誤写をすべて受け継ぎ、さらに固有の誤写を付け加える。ほぼこの原則だけをもとに、写本の誤写を調査し、系統を定め、書写関係を定めていくという作業の末に先のような伝承関係図はできたのである。書写伝承史を確立すること（recensio）が、学問的な校訂本文をつくり出すのに決定的に重要であるということが広く理解されるようになったのは一九世紀になってからのことである。エウリピデスの諸悲劇のほぼ万人が認める科学的

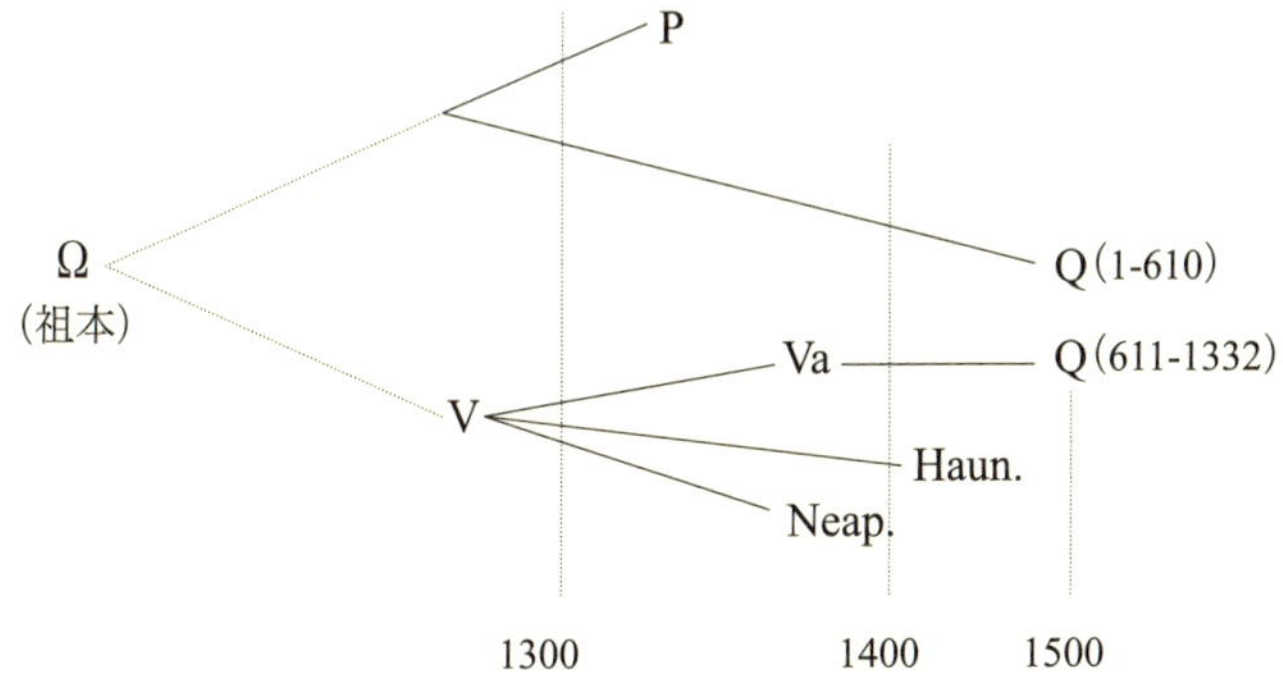


図1　stemma 樹形図

な系統関係を確立したのは、二〇世紀半ば、A・テュリーンというポーランド人である。この図には大変な学問上の労苦が注ぎ込まれているのだ、と理解してほしい。

筆者は、今のところ前記の六本のうち、ほぼ四本を「見て」メモしたに過ぎない。Qについては、こういうことである。Qという写本をどう見ても、どこかで手本になった本が変わったということはわからない。きわめてすらすらと書き写しているように見える。しかし、そこに写された本文の質を見ていけば一目瞭然であって、Pの手本になった本かそれと同等の「読み」の上での位置上の価値を持つ本を写したのは六一〇行まで、それから後は位置上の価値の低い本を写したということがわかる。

**Va** や **Haun.** や **Neap.** や六一一行以降のQは、直系の上位写本が現存する本ということになる。したがって、これらが提示する読みの上での他の本からの乖離は、「誤写」であって「異読」ではない。本文校訂の際には原則的には、これらの伝える読みは配慮されない (**eliminatio**)。

したがって、祖本の読みを回復する原資料は、この悲劇の一行目から六一〇行目までは、V―P―Qの三本の写本が伝える読み、ということになる。そして、六一一行から、最終行(一三三二)までは、V―Pの二本の写本が伝える読みだということになる。祖本から最初に出る線が破線であるのは、この本が、VやPあるいはQが同じくそこから書写した確実な、歴史的に実在する一冊の本であるとは考えられない、と校訂者たちが判断しているからである。つまり、祖本はこの場合、VやPやQが書き写した具体的な一代前の本ではない。祖本を再構成すべく最も信頼できる伝承上の位置にある最古の証人の(群)の一代前は理念的にはこういう形をしていた、と考えられる、というものを体現した一つの理念と言ってよい。そして、こういう状況は、エウリピデスの『トロアデス』に限らず、中世写本をもとにその祖本を再構築する場合のごく常識的な状況であると言ってよい。

なんだ、そんな程度しか、写本を長く調査して得た原理では、届かないのか、という落胆の気持ちが起きるかもしれないが、まず、われわれが古代ギリシアの書き手たちが残した文字を再構成するために与えられた手持ちの（つまりこの場合、そして大多数のギリシア語文献の場合、中世写本群）正確な歴史的意味を冷静に理解する必要がある。実際は、それほど極端に落胆する必要はないのである。一九世紀末から発見され始めたパピルス断片は、二〇世紀を通じて広く公刊されるようになったが、中世写本よりはるかに古代に近いところで書写された写本である。これらの断片は、ほぼ紀元前三世紀から、紀元後五―六世紀までの間に書写されたのであるが、われわれが中世写本の伝承をもとに再構成した本文と大きく乖離しないことが知られている。たとえ、理念的な本に過ぎなかろうと、中世写本伝承の祖本の形を学問的に追求することは無意味どころではないのだ。

次に、図がV―P―Q（『トロアデス』一～六一〇）の位置関係について意味していることを解説する。祖本からは直接には二本の線が出ている。一本は、Vにつながり、もう一本PとQに至る分岐点につながっている。明らかに、VとPとQが、祖本を再構成するためのそれぞれ独立の三つの資料であるとは理解できない形で描かれている。そしてその形の意味するところは、そのとおりである。つまり、祖本は、それを再構成するための三つの独立した源を持っているのではなくて、二つの源を持っているのだ。

つまり、こういうことである。先にも触れたが、Pと、Qの六一〇行までは、同じ本を書写したと考えられる。じっさい、九－一〇世紀に書写された、そしておそらくは、「選集」と偶然見つかった「全集」の一部を初めて合体させた本かもしれないもの（つまり分岐点）にΛという名が付けられており、一つの具体的な本が想定されている。その想定される本に付されるさまざまな細部の特徴の問題は別にして、他のエウリピデス作品の写本の読みの分布や、あとで触れるこの『トロアデス』でのPとQの見せる読みからしてそういう本が、この二つの写本の手本として実在したことはほぼ疑い得ない。それを、筆者も仮にΛと呼ぶことにする。

写本伝承に関する用語を使えば、このような本を下位祖本（hyparchetype）と呼ぶ。この本（先の図では分岐点で表現されている――通常の樹形図では何らかの文字や符号を使って歴史的に存在した本として表記されることが多い）とVとが、祖本を再構成する場合の基礎となる二系統を代表する本ということになる。時代的に言えば、Vは一三世紀末に書写された本（「奥書」はなくとも字体やその他の証憑からおおよその書写年代を推定することはできる）であるから、Λが実在の本であれば、そして、PもQもそれから直接書写したのであれば、PとQから再構成されるΛとVの時代がかなりずれるが、両者が別々の書写系統を代表しているという事実が重要なのであって、書写年代は決定的ではない。Λを再構成するのに、Qがかなり後になって書写されたにもかかわらず、Pと同様の証拠としての価値を持っているのと同様である。

二系統であるか三系統であるかの判断は、祖本の読みを考えるとき重要な意味を持つ。もし、独立した三系統によって代表されていると考えれば、そこには多数決の原理に似たものが直接働くことになる。

すなわち、ＶＰＱのうち二つが同じ読みを伝えていれば、それが祖本の読みである可能性がきわめて高いことになる。同じ本の別々の書写が同じ過ちを犯す確率はきわめて低く（具体的な事情によるけれども）、そのきわめて低い確率に応じて、二つの本の共通する読みが祖本の読みそのものである確率は高い。言葉で説明すると煩雑に聞こえるが、実際に一つの日本語の単語を一枚のカードに記し、それを過ちを含む三枚のカードに書き写してみればすぐにわかるだろう。

たとえば、『トロアデス』の三行目に **choroi**（以下、ギリシア語はラテン文字で表記する）という語が通常の校訂本では印字してある。そして、本文校訂注を読めば、**choroi**（「合唱隊」の複数形）をＶが伝え、**choros**（単数形）をＰＱが伝えていることがわかる。三系統を基礎に判断すれば、ほぼ、祖本の読みは **choros** だということになる。名詞の単数・複数に関係する過ちはごくありふれたものだから、ＰＱが別々に同じ過ちを犯したという可能性は皆無とは言えない。にもかかわらず、校訂者たちは **choroi** を印字する。そしてその判断は、いちおう論理的にも正しいと私も考える。三系統で『トロアデス』の中世伝承を理解すべきではなく、Ｖの系統とΛの系統の二つで書写されたという基本で判断しているからだ（図1の樹形図参照）。祖本からＶは正しく書写し、Λは単複を間違えた。だから、祖本には **choroi** と書いてあった。そして、**choroi**（名詞主格、つまり文の主語）に対応する動詞は複数形であるから、その祖本の読みは正しくエウリピデス本文を伝えている。これらの事情が、『トロアデス』二行目の本文の印字と、本文校訂注から読み取れる。

ついでに言えば、樹形図の基本的な形態は文句なく正しいと私も判断しているが、つまり、当然二系統で判断すべきであると判断しているが、祖本の読みが choroi であるかどうかはかなり疑わしいと思っている。いつか、さまざまな材料を集め終えたなら、『トロアデス』のフル装備の（つまり校訂本文、序、本文校訂注、翻訳および一般注、索引付き）注釈本を出したいと願っているが、そのとき choros/choroi のどちらを選択するか、そこの判断はまだ私にはついていない。つまり、一見これまでの校訂者たちの判断が常識的には正しいように聞こえるが、「合唱隊」という言葉にまだ問題が残されている、と私は思うのだ。確かに、「合唱隊」という主語に対応して使われている動詞は複数形である。しかし、合唱隊は一つであってもそこに含まれる主体は複数でありうる。そして、文法的には単数形（choros）でも、含まれる主体が複数という集合名詞を主語にして（たとえば軍隊）複数動詞が使われる例は、ギリシア語の詩の場合決して少なくない。しかも、この場合合唱隊は、ポセイドーンという海の神に仕える、ネーレウスの娘たちと呼ばれる海のニュンフたちからなる合唱隊なのである。ネーレウスの娘たちからなる合唱隊が複数あったという観念のほうが、むしろいくらか異様に聞こえる。私は、総祖本には単数形（choros）が使われていて、Vの系統の書写者が、複数動詞を次行に見て、いくらか浅はかに文法的な「正常化」をしてしまった、という可能性のほうが高いのではないか、と疑っている。

祖本を構成する基礎資料になるべきＶＰＱの三つの中世写本が、それぞれ三つの独立した系統を代表しているのではなく、二つの系統（VとΛ）と、さらに今は存在しない下位祖本であるΛの書写系統にある二つの写本（ＰＱ）という分かれ方をしていることは今の例の分かれ方（Vは choroi、ＰＱは choros）を見てもわかるかもしれない。一般に伝える読みが分かれるときは、V対ＰＱという異読の分布を見せる。

典型的には今のケースがそうである。つまり、V対PQに分かれた読みを示して、どちらかが正しく、どちらかがそうでないという場合である。

VP対Q、とか、VQ対Pという分かれ方をするときがなくはないが、これは、ほぼVPやVQの二つの一致した読み方が正しくて、それぞれの場合の残された一方（つまり、VP対Qという分かれ方をした場合のQ、VQ対Pという分かれ方をした場合のP）が間違えているという場合に限られる。要するに、PあるいはQという単独の異読を示すほうが間違えている場合である。これは、他の二つの本が祖本あるいは下位祖本を正しく写しているのに、PあるいはQが単独でΛを写し間違えた場合であって、『トロアデス』の範囲でもかなりの頻度で見られるのだ。これらのケースは、三系統であっても生じるから、系統の形を決める要素にはなれない。

たとえば、『トロアデス』の一一行目で、VとQが**hippon**（馬、単数対格）という形を伝えているのに、Pは**hippo:n**（o: はギリシア文字ωをここでは表す）と、複数属格を伝えている。これは、ギリシア語を少し知っている者であれば、簡単にPが間違えているとわかる。しかも、どうして間違えたかも、すぐにわかる。この語が書かれているすぐ後に書かれている語は、**o:n**という語尾を示しているからだ。次に写さねばならない単語を、書写者は常に見ている。それで、それに引かれて写し損じたのである。これは、Pが祖本を写している（三系統の場合）であっても、下位祖本のΛを写している場合でも起きることであるから、書写系統の形を決めるのには役立たない。

以上、テュリーン以来一般に認められている『トロアデス』書写の樹形図をもとに簡単な異読の分布形態と系統の形との関係を説明したが、おそらく読者は気づいたであろう。文献学の中で起きたことは逆なのである。系統を決定するような異読の分布を調査した上で、そういう事態を合理的に説明できる書写系統を、実際に起きた伝承の形であるという推定をつくり出すのである。これが、たとえ一つの作品でも長い時間を要する調査であるとは容易に理解できるのではないか。これが、書写の歴史を確立し、そしてその歴史の概略的な形から、祖本の形をほぼ機械的に、と言ってよいほど正確に決めることができる recensio という作業である。これも本文批判の一部である。ただし、そこから校訂者の恣意的な判断を排除して、本文を「科学的」に正確に再現することを目的としている。ルネサンス以来の古典学者の営為は、この原理にたどり着くべく、そしてその原理を実効あらしめるための基礎資料（一つの作品の、あるいは一人の古典作家の全写本の異読および誤読調査）を積み上げるべくなされてきた、と言っても過言ではない。

二系統の場合、祖本の形を決めるのは、次のような簡単な論理に基づく。二系統が一致した読みを見せている場合、祖本はそのように書いていたのだ。これはまったく機械的な判断である。二系統が違った読みを見せる場合、どちらかが祖本の読みで、どちらかが（つまりVかΛのどちらかが）写し間違えたのだ。どちらが間違えたのか、判断が難しい場合（choroi/choros）を下位祖本からの分かれという局面で先ほど紹介したが、多くの場合、その判断はそれほど難しくない。しかし、難しかろうが、容易であろうが、一つの（たとえば『トロアデス』）校訂本を作成しようとすれば、祖本の形が何であるかを決めるに際して、校訂者つまり本文批判をする者に、その都度判断を迫る問題であることは間違いない。

先の choros/choroi の分かれと同様、判断が難しいケースをもう一つ、『トロアデス』の冒頭部分から紹介しよう。トロイアに運び込まれた木馬（いわゆる『トロイの木馬』）のことを詩的に表現する際、二つの系統の伝える読みが異なる。すなわち、Vは olethrion bretas（破滅をもたらす木像）と伝え、PQは olethrion baros（破滅をもたらす重量物）と伝える。どちらも、表現としては問題ない。本文批判上の一般真理として、lectio difficilior（より難しい表現を選べ）というものがある。意味のとおる誤写をする際、人は難しい表現を見て、よりやさしい類似の表現だと錯覚して書写することがある。だから、二つの異読がどちらも間違いとは言えない読みを伝えている場合、より難解な表現がもとの写本に書いてあった確率は高いということである。ちなみに、現代最高のエウリピデス校訂者であるJ・ディッグル（現在の標準的でかつ最もよく売れているエウリピデス校訂本の校訂者である）は、baros のほうを印字している。筆者も、躊躇は残るものの、彼の判断に従うべきだと考えている。単純な錯誤（難しい表現が書いてあるのを、目と頭が勝手に自分の知っているやさしい表現にしてしまった、というような）ではないと思う。そもそも bretas もそんなにやさしい日常語ではない。多分、起きたことは次のようなことだ。olethrion baros というのは、正しい読みだとすれば、相当に「ひねった」表現である（木馬が重いのは、トロイア城を滅ぼすもととなったギリシアの勇士たちがその腹の中に隠れていたからだ）。それで、伝承のどこかで、それを読んだ比較的ギリシア語理解力の優れた人が、自分で考えて、あるいは、流通していた注釈書を参考に、それが「木像」つまり木でできた馬の像だとわかるように、欄外や、あるいは baros という語のすぐ上の空間に書き込んだ。それがいつのまにか、どちらが本文でどちらが注釈か読む者が混乱するようになって

olethrion bretas という本文の形が生まれた。このようないきさつが、ありそうなことのように今の時点では思えるのだが、そしてその逆、つまり bretas から baros へという、類似した過程はありそうもないと思えるのだが、判断が難しいことは間違いない。もし、推定のとおりであれば、これも一種の lectio difficilior の適用であろう。

しかし、難しいにせよ、容易であるにせよ、本文を立てようとする校訂者ならば、必ず判断をしなければ、自分のつくる本文は決まらないということには変わりがない。二系統の書写過程でできている recensio（書写の歴史）は、系統間の異読がある場合、常に校訂者にその判断を迫るものなのだ。こういう判断を divinatio（「判断」）。もともとは、神に捧げる生贄の解体した内臓を見て、神の意志を判断すること、読み取ることをローマ人は divinatio と呼んだ。何とふさわしい言葉であろうか！）という。『トロアデス』のギリシア語本文ができるに際しては、少なくとも数百単位のその種の、そして次に説明するような類いの divinatio が含まれている。

ここで、ひょっとしたら祖本の形を決めるのに、より正しい形が祖本の形だとする一方的な判断が基本になっていることに疑問を抱いた人もいるかもしれない。しかし、この一方的に思えるかもしれない判断は間違っていないのである。ここで、前に述べたギリシア語写本伝承の原則を思い起こしてもらいたい。写本は、書写することによって、過ちを産出することはあっても、過ちを正すことはできないのだ。少なくとも中世に書写された古典ギリシア語写本では。

本文校訂者に判断が迫られるのは、先のような、たとえば二系統書写から祖本の形を決める際ばかりではない。こういう手続きで祖本の形が推定できても、それが正しく原古典作家の表現を伝えているという保証はないのだ。もし仮に、中世伝承の祖本の成立時期を中世初頭すなわち後九世紀頃だとしても、エウリピデスの最初の本文が文字に定着してから一〇〇〇年以上経過しているのだ。校訂者は、祖本の形を、正しく伝えられたものかどうか判断し、コミットせねばならない。ここでは言うまでもなく、校訂者のギリシア語に関する知識、歴史に関する知識、作家に関する知識、人間に関する知識、その他あらゆる常識・非常識判断が問われる。もちろん、エウリピデスなどという人気著作家に関しては、ルネサンスどころか、すでに古代から、この種の判断は、彼の作品の隅々まで積み重ねられてきたので、本文校訂者は、実際は自分の判断を出すというより、積み重ねられてきた、場合によっては正反対のものを同じ箇所にいくつも含むような、主としてルネサンス以来の判断の積み重ねに、知識の限りを尽くして決着をつけるという色合いがはるかに濃いのだが。

そうして、本文校訂注（apparatus criticus）は、機械的に祖本の形を決める際に必要と判断される本の間の異読（『トロアデス』ではＶＰＱの読み）ばかりではなく、divinatio を強いられた際の、判断のよりどころを提示する材料を指摘する場所にもなる。また、校訂者が自分の divinatio に絶対の自信を持っている場合は少ないので、校訂者が印字したのとは別様の、可能な判断を下すための材料や、その別様の判断そのものを提供する場所になるのだ。

しかし、一方で、古典の校訂本は出版という事業の突きつける要求にも応えねばならない。「必要最小限」であらねばならない。必要とは何か。『トロアデス』を例にとろう。もし校訂本文がないとすれば、たとえば私は、先に挙げた六つの写本を見、写本の歴史を推察し、recensio を立て、祖本を確定し、その確定した祖本の読みを divinatio にかけねばならない。その際には、アレクサンドリア以来の、『トロアデス』本文に関わる判断の積み重ねを取捨し、判断して本文を決定する。要するに本文校訂者に課せられる全作業をせねばならない。その結果現れ出る本文は、私がそれなりに優れた本文校訂者だとした場合、たとえば、現代の最も優れた『トロアデス』校訂であるとされているJ・ディッグルの本文とは違っているかもしれない。そして違っていることが必ずしもディッグルの本文より劣っていることを意味しないかもしれない。そういう読み方を常に保証する。これが必要の内容であろう。しかし、支持できない、無意味な読みと思われる判断が結論されることを保証する必要はまったくない。これが「最小限」という枠の意味であろう。これを、校訂序 (praefatio ——ここではできる限り正確な作品の recensio を記述することが要求される) とあいまって実現することが本文校訂注に課せられる機能である。そういう意味で、ここで紹介してきたディッグルのそれは、現代の校訂版として、最も理想に近いところに達していると思う。

こうやって持ち上げておいて、最後に次のような問題を論じるのは、ちょっと矛盾のような気もするのだが、recensio と divinatio に関わる総合的な判断としてディッグルの判断のうち大いに疑問がある例を、recensio と divinatio に関する総合復習として取り上げよう。

『トロアデス』は、トロイア落城後の、トロイアの女たちの悲嘆の声を中心に組み立てられている。まず、トロイアの王プリアモスの妻ヘカベが登場して城の、また自分の悲惨を歌う、あるいは語る。その後、同じくポリスを失った女たちが合唱隊として登場して、自分たちの未来への不安を歌う。その歌の中に次のような一行をディッグルは印字している（『トロアデス』二〇六行）。

prospolos oiktra: semno:n hydato:n
（聖なる水を運ぶ、惨めな召使いとして）

しかし、本文校訂注によれば、ＶＰＱはそれぞれ次のような本文を伝えているのだ。

prospolos semno:n hydato:n esomai（ＶＱ）
（私は、聖なる水に仕える召使いになるでしょう）
prospolos oiktra: semno:n hydato:n esomai（Ｐ）
（私は、聖なる水に仕える惨めな召使いになるでしょう）

ディッグルは、祖本の形を、

prospolos oiktra: semno:n hydato:n esomai

つまりＰと同じと判定して、そして、韻律的な考慮から、そして be 動詞にあたる esomai はギリシア語では省略されることが多いという事実から、あるいはこの固有の文脈では、なくても意味が通じることから（このことはここでは説明しない）、それを省いて「原初の光」だとした、としか考えられない。

しかし、祖本が oiktra: を持っている、というのはきわめて recensio の観点から疑わしい。つまり、Ｖ

／ＰＱの二系統でありながら、Ｐだけが oiktra: を書いているという点については正しく、ＶＱが一致して誤写（写し落とし）した、とディッグルは判断していると思えるのだ。これは、ほぼあり得ない事態である（先の recensio の原則参照）。ＶとＱが別々に、かつ同じく、oiktra: を写し忘れたというのだろうか。もちろん、ここは書かなかったという不作為であるから、次のような場合に比べれば、起きた可能性は高いと言える。つまり、その場合とは、仮に oiktra: が祖本の読みだとして、ＶとＱが別々の系統に属しながら、そして時代も場所も異なる所で書写しながら、oiktra: とは異なる別の同じ単語に書き換えたような場合である。これはほぼ一〇〇パーセントあり得ない事態である。むしろその場合、その同一の別語が祖本の読みだと考えるのが、recensio の原則である。これに比べれば、ＶとＱが同じように書き落としたという事態ははるかに可能性は高い。しかし、それでもやはりとてもありそうにない。それよりは、oiktra: という語は、悲劇では、特にエウリピデスのそれではきわめてありふれた語であるから、どこかから紛れ込んだ、あるいはΛに怪しい消し跡があって、そこに oiktra: という悲劇の書写者なら書き慣れた語を、Ｐの写し手が補ったというのがはるかにありそうな話である。

やはり、祖本の形は、recensio の原則に従って、

prospolos semno:n hydato:n esomai

だと、ともあれ考えるべきではないのか。そして、これは韻律上弁護できない形なので、ディンドルフという文献学者がそう提案した（divinatio）ように、prospolos >propolos と変えるべきではないのか。両者ともに召使いという意味では悲劇に用例があり、また、pro/pros という写し損じは中世写本に無数に

あることを考えれば、なおさらディンドルフの提案の説得力は増す。つまり「原初の光」から祖本に至る書写の過程で pro>pros と変える過ちは生じていたと考えるのだ。付け加えるならば、esomai を残しても、ディッグルの印字するギリシア語とは、文構造は違っているが、立派なギリシア語であると言えるのだ。

ディッグルの判断や、祖本構築には疑問な点が、少なくともこの部分に関しては、このようにあるが、特筆すべきことは、ディンドルフの提案が本文校訂注にちゃんと記してある、ということである。こういうのを見ると、ひょっとしたら、祖本判断や divinatio に関するディッグルの過程への私の示した「こうだったに違いない」と決めつけのほうが間違っていて、彼の処置にはひょっとしたらもっと深い配慮があったのかもしれない、と悩んだりしてしまう。

## 五　結論

以上、現代の、西洋古典文献学の基本中の基本を、少数の実例を使って、無味乾燥にならないように説明した。二つのことを指摘して、この西洋古典文献学入門を閉じたい。

一つは、「フィロロギカ」が掲げる共同目標のことである。この集団は、各自、実現できるにせよ、できないにせよ、一つの作品の校訂本文の校訂者になり、その校訂に注釈を付ける（本文校訂注のことではない——後述）、ということを最終目標に持つことを、理想の参加資格として掲げている。あくまでも理想であるが。しかし、こういう目標を持つことは決して「余計なこと」ではない。本文批判的な読み方、いや、むしろ読み方というより読むべき本文の立て方、と言ったほうが正しいが、これは、古典がわれわれのところに遺されてきたその経緯(つまりは誤写・誤伝)を考えれば、われわれが古典を読むのに際して、しごく当然に要求される態度と言うべきではないのか。読む者に、その古典の書き手の精神が文字化されたときの形、つまり「原初の光」を見たいという欲求があるならば、である。そして、「原初の光」を見たくないという古典の読み方とは、いったい何であろうか。勝手な、「現代的」認識、狭苦しいかもしれない理解の枠を古典に無理やり押し付けようとする暴力、歪曲、ではないのか。むしろ古典の簒奪と言うべきではないのか。

これ以上このことについては語らないが、一つだけ、先に触れた、本文校訂注ではない「注釈」について触れよう。先に『トロアデス』二〇六行のディッグルの判断を議論した。その例でわかるように、しばしば本文校訂者の判断は、印字される判断と本文校訂注だけでは明確ではないことが多い。特に、複雑な本文伝承上の問題を含む箇所についてはそうである。そして、二〇世紀の後半に現れたいくつかの、個々の作品の注釈付き校訂本文が、「読む」という行為の一つの究極の形をそれぞれ示しながら古典学を進歩させてきた、という事実を思い浮かべるならば、なぜ当の校訂者がその読みをよしとするかを徹底的に弁護する注釈付き本文校訂というものが、古典を読むという行為の理想の形ではないかと、私は判断している。このことについては、自分自身でその実行を行いつつ、主張するべきことかもしれない。

もう一つ、指摘することはこういうことである。西洋古典文献学というものは、あるいは本文批判の方法というものは、結局、「原初の光」を見たいと願った、主としてルネサンス以降のヨーロッパ人が、その願望を方法に変えたものにほかならない。人文学が究極のところ「読む」という行為に収斂するものであるとするならば、その文献伝承の歴史が強要する方法に厳密に従いながら、最後の最後の場面で本文校訂者にほぼ全面的なコミットメントを要求するこの作業は、人文学のカタの一つの典型として、西洋古典以外の古典を読むというカタの範例たりうるであろうし、それればかりではなく、「読む」を中心とする人文学の範囲全体のカタの一つの典型たりうるであろう。こう主張しておきたい。

# 中世日本における「文字遣い」をめぐって
## ――コミュニケーションの「カタ」

新田　一郎

### 一　「文字をも廃忘仕候」

一六世紀はじめのこと、京都西郊の梅津にある長福寺という禅院から、遠く離れた加賀国に、紹鶴《しょうかく》と名乗る僧侶が下向した。その地にある寺院領の管理に関わる何らかの任を帯びていたと見え、しばらくの滞在の後、現地の事情を報告する書状が寺院に送られてきた。その一部が現存し、東京大学文学部に所蔵されている(石井進編『長福寺文書の研究』第一一三〇号文書)。読みにくいだろうが、これは是非原文のままでご覧いただきたい。

(前欠)

一　名代罷下候間、当月五月三日、山代五郷の総社ヲイノ宮にて、三郷の衆寄合七八十人の中にて、棟蔵主ト名代ト対決仕候処、この最初ニハ棟蔵主高声ニ候ツルガ、最後ニ名代ニツメラレ候而、赤面シコトバモナクマケラレ候ト承及候、此時ハ、連々我々か申事ハ真是歟真非歟、仍粗申入候状如件

永正元年甲子夏五月日　　紹鶴（花押）

清涼院侍真禅師侍司下

右条々、仮名又ハ片仮名字ニテ申候事ハ、尾籠之至候へ共、久在国仕候て文字をも廃忘仕候間、如此認候、返々御免あるへく候、此旨御意得候て、御評定之次ニ御とゝけ候て被下候へく候、軃七花八裂而被付丙丁童子と候、畏入候

（後略）

日付の永正元年は西暦一五〇四年にほぼ相当する。今は失われてしまった前半部分にも幾つかの案件が箇条書きで列挙されていたのだろうが、現存する部分に書かれているのは最後の一件のみ。その具体的な内容は詳しくはわからないが、このあたりの中心的な神社である「ヲイノ宮」において、棟蔵主という僧侶が、近在の郷々の人々が参集し見守る中、「名代」なる人物と「対決」し、はじめは勢いよかったものの やがて言い負かされ「赤面」して退いた、というのがおよその経緯である。そのことが紹鶴を含

む「我々」の主張を支持するものである旨を、この箇条は主張しているのであろう。

こうした、人々の面前での口頭での「対決」という手続きそれ自体にも、たいへんに興味深いものがあるが、ここで着目したいのはむしろ、追記の形で記された部分である。そこで紹鶴は、この書状を仮名を用いて書いたことについて、「尾籠の至り」と恐縮しつつ、「久しく在国している間に文字を忘れてしまった」と言い訳をし、了承を求めている。そして、この書状を「すぐさま破って火にくべてほしい」旨を受け取り手に依頼しているのである(「七花八裂」はバラバラに裂き破ることの表現、「丙丁童子」の「丙」は「ひのえ＝火の兄」、「丁」は「ひのと＝火の弟」で陰陽五行の「火」に相当する)。

文字を使って書状を書き送りながら「文字を忘れた」と言い訳をしている、一見奇妙なこうした事態が、「仮名」と「漢字」という二種類の文字を用いる日本語の書記方法の特徴に由来していることは、われわれの日常の言語体験に照らして、比較的容易に推察することができるだろう。さらに、日本中世において、公式の文書には主として日本化した漢文が用いられていたことを付言すれば、おおよその事情は理解されるに違いない。つまり、ここで紹鶴が「文字を忘れた」というのは、漢文をしかるべき作法に従って作成する能力を鈍らせてしまったことを意味しているのである。

漢字を用い、中国式の構文に準拠して漢文を構成することは、音声でやりとりされる言葉をそのまま書きとめることとは異なる、別の様式の思考の産物である。長い「在国」中の言語生活は、そういう文字遣いの思考を日常的に必要とするものではなく、それゆえに彼は「文字を忘れて」しまった。だから、彼は話し言葉の構造にしたがって漢字仮名まじり文で書状を書いたのだが、それはこの局面で求められる「文字遣い」とは異なる営みであった。それを恥じた彼は、言い訳の挙げ句に「破いて火にくべてくれ」と求めたのだが、その希望はかなえられなかった。恥を曝された紹鶴にとっては生憎《あいにく》なことながら、そのおかげでわれわれは以上のような経緯を知ることができるのであった。

## 二　「文字遣い」の仕組み

当時の日本語における話し言葉と書き言葉の違いは、やや複雑な歴史的背景を持っている。そもそも漢字・漢文を用いた書き言葉は、古代中華帝国の統治の仕組みの中で用いられ定型化され、断片的にはかなり早い時期、おそらくは四世紀頃までには日本にもたらされていた。六ないし七世紀以降、中国の政治システムの模倣と継受が体系的に進められたことによって、日本における漢字・漢文の「公用語」化が一挙に進展したと見られる。特に、官の機構においてやりとりされる文書様式が中国モデルに倣って定められ、これが官の機構を作動させる道具として用いられた。このことが、後世永きにわたり、日本社会における「文字遣い」に決定的な影響を遺すことになる。

八世紀初頭に編纂された律令は、「公式令」という篇目において、公文書の種々の様式を定め、諸官相互の間での通信のカタを示している。用いられるべき様式・基本的な文言などは、発信者・受信者それぞれの地位や相互の位置関係、伝えられるべき内容などの如何によって細かく定められ、違背した場合の罰則も規定されていた。このように、漢字という記号群を特定の様式に沿って配列することによって構成された文書が伝達するのは、書かれた内容だけではない。「そうした様式に沿っている」こと自体が、発信者と受信者が文明の作法を共有していることを示す重要なシグナルとして伝えられ、官の機構の円滑な作動を助けることになる。そうした仕組みが、官の機構において起こりうる事柄の範囲を限定し、予測可能な秩序を維持する作用を持つのである。

こうした「官の言葉」は、中国の官の機構における書き言葉を原型としていたわけだが、日本語と中国語とでは文法が大きく異なり、漢字を用いて表記された漢文は、そのままの語順では日本語として読むことができない。逆に、日本語で発話された文を書きとめることは、漢文をそのままに用いてはできない。律令国家の官人たちにとって、話し言葉と異なる構造を持った書き言葉を用いることは、単に思考の内容を文字に書きとめることではなく、漢字を、日常用いている言語とは異なる方法で扱うことを意味する。中国語の文法をきちんと理解してそのまま厳密に用いることは、日本の官人たちにとって必ずしも容易ではない上、官の機構を運営してゆくために不可欠というわけでもない。公式令に定められた形式を前提としつつ、官人たち相互の了解と通交を維持するために、官とその周辺において、漢字をもとに日本独自に変形された「文字遣い」が生み出されることになる。

かくして、漢文は中国語ではなく日本語の文章として用いられ、日本語の語彙や言い回しが漢文的構造の中に取り入れられることになる。中国語表現としての適否を顧慮されることなく日本語として使い込まれるにしたがって、本来の漢文からの距離が広がってゆく。やがて中世には、語順も一部日本化されるなどして「和様漢文」「変体漢文」などと呼ばれる表現形式が、オフィシャルな日本語の表記方法として事実上標準化されるに至る。くだって一七世紀のこと、『吾妻鏡』を見せられた中国人学者が、漢字で書かれているが読めないし意味がとれない、と当惑した、という逸話が伝えられている。「漢文」は、中国語との間に通用性を欠くまでに「日本語」化されるのである。

その一方で、日本語を日本語の構造のままで表記するために、漢字を、その本来の意味にかかわらず音標として用いることが行われた。「本来の字」である「真名」(漢字)をもとに音標として用いられた記号が、「仮名」と呼ばれる。こうして日本語では二種類の記号群が用いられることになったが、この二種は必ずしも別々に用いられたわけではない。漢文を日本語の語順に書き下す際には、活用語尾や助詞などを表記し、また漢字の読みを確定するための助字として、仮名が補助的に用いられた。そうした形式が、現代でも標準的な書き言葉として用いられる「漢字仮名混じり文」の原型を形づくることになる。

## 三　カタのやりとりを介したコミュニケーション

さて、漢字漢文による表記が用いられたのは、まず官の作動に関わる領域であり、そこではそれぞれの用途目的に応じて形式が定められたわけだが、一方、詩文や私的な通信など、官の用語法に必ずしもなじまず仮名による表記が用いられた分野においても、それなりの「形式」が生み出される。とりわけ書状の書き方については、細部にわたってしかるべき作法への合致が求められ、仮名文には仮名文なりの、TPOに応じた作法が、人々の間の書状のやりとりを厳しく規律することになる。

中世京都の社会では、書状が主たる通信方法として日常頻繁にやりとりされていたが、書き出し・書き止めの定型文言や宛先・差出の書き方、言葉遣いなどの作法にたがうと、書状をつき返されたり書き直しを求められたり、無視されたり、作法を知らぬ者として侮蔑され仲間はずれにされるなどの仕打ちが待っていた。受け取り手の地位や書き手との関係を適切に反映すべく求められるそれらの作法は、「書札礼」と呼ばれる。薄礼に過ぎれば相手の不興を買うことになるし、厚礼に過ぎれば相手に軽く見られる。いずれにせよ的確な「礼」を知らぬ者として嘲弄を浴びないためには、薄すぎず厚すぎず的確な礼式をとることが求められる。書状は、状況によって、漢字漢文で書かれることもあり、仮名を用いて書かれる場合もあったが、そうした使い分けも含め、相手に対して適切な態度姿勢を示さねばならないという緊張に満ちた関係の中で、やりとりされていたのである。

こうしたやりとりにおいては、それぞれのＴＰＯに応じ形式を整えた書状を書き送ること自体に神経が用いられており、内容的には冗長度が高い。しかし、書状の形式をしかるべく整えることは、相手をどのように意識しているかの表現なのであり、そうしたシグナルをその時々に応じてやりとりすることによって、彼我の関係が繰り返し確認され、通交が維持されることになるからである。ここには、書かれた内容以上に、相互関係についての認識を示すシグナルを担うカタがやりとりされている、重要なコミュニケーションの層が観察されることになる。

こうしたコミュニケーションの形式について、現代に卑近な類例を求めるならば、近時メディアで伝えられている「携帯メールのお作法」がそれにあたるかもしれない。「着信メールにはすぐに応じなければならない」のだと言い、その際、顔文字を適宜用いないと、冷たい、怒っているとの印象を与え、相手との関係を悪化させてしまうのだとも言う。こうしたメールのやりとりは、文字で書かれた内容の伝達を目的としたものではなく、送り手と受け手との間で通信の回路が開かれていることの確認を意図したものであり、メールの内容は二の次、しかるべきカタに則っていることが重要なのである。

類似の現象は、中世であれ現代であれ、季節ごと折々の贈答を伴う社交の中にも現れる。そこでは、やりとりされる贈り物や挨拶の内容よりも、そうしたやりとりが礼式に沿って行われていること自体が、彼我の関係を確認し継続するためのシグナルを担うのである。そういう「形式的なお付き合い」は、しばしば不合理と考えられ、そうした因習に囚われることに対する拒否感は、とりわけ若者たちの間に強い、とされる。だがその一方で同じ「若者」たちが同じように「不合理」な「携帯メールのお作法」という「因習に囚われ」ている様子は、そうした形式的なやりとりが実は担っている重要なシグナルについて、考える材料を提供してくれるだろう。

同じようなことは、敬語についても言えるかもしれない。複雑精妙な敬語表現に頭を悩ますことは、直截に用件を伝えることに比べて冗長度が高く、無駄が多いように感じられるのであろう。のみならず、立場の差を顕在化し彼我の間に余計な隔壁を構築するものであるかのように考えられることがある。そこで、そうした「無駄」を忌避することに加え、相手との位置関係をあえて無視しようとする意図もあってか、若者たちが、敬語を用いない「タメ口」を、一つのスタイルとしてとることがある。しかし、パーソナルな距離感の確立した仲間うち以外に宛てた「タメ口」は、相互の距離を解消するのではなく、ただ距離感を失わせ、安定した関係構築に失敗する結果に終わることが、少なくないように思われる。「敬語を用いない」ことが対等な通交を実現するのではなく、「敬語表現が担っているシグナルの欠如」がネガティヴなシグナルとして作用してしまい、通交の前提となるべき枠組みを壊し回路を閉ざしてしまうのである。敬語の持つそうした作用は、実は「携帯メールの顔文字」と同じ位相を持つのであり、「そんなつもりはなかった」という主観的中立を容易に許さない。冗長な「お作法」で包み込むことをせず直截な表現を用いたメールが、しばしば行き違いを引き起こすのと、それは同じことなのである。

中世の公家たちの日常的なやりとりは、それをさらに複雑精妙にしたものである。折々にやりとりされる書状は、人との関係を確認し維持する役割を持つ。そこで用いられるべきシグナルを標準化しもろもろの社会関係を齟齬なく安定させるべく、鎌倉時代には『弘安礼節』と呼ぶ礼法が策定され、基本的には書き手受け手それぞれの官位に応じて礼式が定められている。公家社会に生きるからにはこの標準化された礼式の基本を心得ているべきことは当然だが、実はそれだけで済むものでもなく、同じ官位であっても摂関家の子弟と、より家格の低い家の子弟とでは、扱いに差をつけることが求められるなど、本則に対する不文の特則が細々と積み上げられてゆく。細部をめぐっては、具体的な局面で関係者間の認識に齟齬が生じることも少なくないが、そうした場合には自家に少しでも有利に運ぶように努め、迂闊に過剰な礼をとって自家に不利な先例を残すことのないように気を配る、他人から軽い扱いをされて黙っているとそれが先例ともなりかねないので、きっちりと態度に示しておく。そうして、場合ごとに落とし所をめぐって瀬踏みと駆け引きが繰り返され、細分化された「礼」が次々に析出されることになる。

だから、出自と現在の地位の間に大きな齟齬がある場合など、みな困ってしまう。たとえば一五世紀前半に活躍した満済という僧侶は、出身の家の格は高くないにもかかわらず、足利義満の猶子（子に準じた後見を受ける立場）となり、諸寺の重職を歴任した上、室町幕府将軍の顧問役を務め、「准后」という高い格式を伴う称号を与えられた。彼の出自を考えると、これは先例のない厚遇であり、そのため、彼に宛てて書状を書こうとした場合、どの程度の丁寧さが適切なのか、安心して依拠できる基準が見当たらない。とある公卿はその職務上、満済に宛てて書状をしたためる必要に迫られ、当時故実通として頼りにされていた別の公卿に相談したのだが、相談された側もいささか困惑し、あれこれ先例類例を探し求めて思案した挙げ句に、摂関家出身の高僧に準じた扱いをしよう、ということになった。そのことによってまた一つの例が開かれ、錯雑の度を加えてゆくわけである。

そうした繰り返しによって形成される「礼」を心得ていること、隅から隅まで知悉することは難しいとしても、自分の身の回りの交際範囲で恥をかかない程度に「礼」を心得ていることこそ、公家社会における教養人の条件なのである。ここには、「礼」の共有を手がかりとして、しかるべき「礼」のやりとりに参加しない者を排斥しようとする、文化的・社会的なサークルが形づくられることになる。あたかも、朝廷の内外における種々の儀礼に参加することによって相互の位置関係を確認し再生産するのと同様の機能が、ここに観察される。文化的ないし儀礼的なコードを共有し、それぞれの位置関係を適切に認識している、というシグナルの授受は、社会における相互の位置関係を表示し、そうした関係性を再生産する作用を持つ。「社会における相互の位置関係を表示する」シグナルに対する感受性は、中世日本の社会において複雑な布置を示し、それに応じてリテラシーも複雑な様相を呈し、状況に応じた「文字遣い」が求められていたのである。

## 四　「文字を知る」こと

カタに依存したコミュニケーションに関して、もう一つの事例に触れておこう。一五世紀前半の公卿・万里小路時房の日記『建内記』には、当時の室町幕府の重鎮であった管領畠山満家について「文字に疎い」とする評言を見出す。原文は「和様漢文」だが、ここでは読み下し文と大意のみ示す。まず正長元(一四二八)年三月六日条。

管領は聊か文字に疎きの由、風聞の説あり
(大意) 管領(畠山満家)はいささか文字に疎い、との風評がある

この記事は、中世武士の学識がどの程度のものであったのか、その程度を測る一つの事例としてしばしば取り上げられ、室町幕府の中枢にあった畠山満家ですら、「文字に疎い」とされていた、ことほどさように中世の武士は文字に縁遠かった、武を職能とする武士のうちには読み書きに不自由な者もあったのだ、などと敷衍されることもあった。

しかし当時の記録類を見れば、満家はしばしば書状をもって諸家と通交し、また私的なメモを書きとめているなど、読み書きそのものと無縁であったわけでも、書簡作法について無知であったわけでもない。にもかかわらず「文字に疎い」とする評言が与えられている、そこには単なる文字の読み書きとは異なる問題がある。実は、この『建内記』の記事は、前将軍義持の死後、僧籍にあった弟義円（後の義教）が還俗して後継者となったため、俗名に用いる適切な文字を選定する必要が生じた際のものである。当時管領の地位にあった満家もその評議に加わるべきところ、前述の評言があって満家は評議から除かれ、別に「和語」をもってする平易な説明が与えられることになった、という次第なのである。そのあたりは次に示す同記正長元年三月七日条裏書に詳しい。

また此の如き事、道端（畠山満家）事ごとに未練、三人の言句・畳字等、量解し難き事等也、いかがすべきやの由、管領同じくこれを示さるるの間、向後は此の如きの題目、三人直に披露しかるべきかの由、満済管領に答え畢んぬ。何となくその意を得べきの由、これを示さる。また事ごとに和語を以てよくよく事安く管領に示すべきの由、僧正これを示さる。自然存知すべき事等、必ず隔心の儀なく示し預かるべきの由、種々示し畢んぬ。

（大意）また、「『このような事は、満家はいろいろと不慣れであり、三人（評議に与っていた時房ら三人の公卿）の言うことや漢字を組み合わせた熟語のことなど、よく理解できない。いったいどうしたものだろうか』と、同じく管領から伝えてきたので、『今後はこうした題目については三人から直接に義円に披露するということでよろしいか』と満済から管領に答えたところ、まあそれでよいということだったので、事ごとに和語を用いてよくよく易しく管領に伝えるように」と僧正（満済）から通達があった。「知っておくべき事があれば、必ず隠し立てすることなく示し伝えるように」と、あれこれ指示があった。

ここで問題になっているのは、文字を選択する際に用いられる「反切《ほんせつ》」と呼ぶ技法の理解に関わる事柄である。中国に起源を持つ「漢字」は、そもそも話し言葉を表記する文字として用いられたものではない。それぞれの文字が固有の意味は持つものの、音韻については安定した固有値を持たず、時期や地域による差異が少なくない。だからこそ、正則な漢文とりわけ韻文を構成するなど、音韻配列について一定の規則性に従うことが求められる際には、人為的な標準化が必要とされ、そのための手引きとして多くの音韻辞書が編纂されることになった。一二世紀に板行された『韻鏡』はその一つで、頭韻と脚韻の組み合わせによって音韻を表示分類した音韻書であり、一三世紀に日本にもたらされ、漢詩文を作成する際の押韻の手引きなどとして、後世に至るまで広く用いられた。この書は基本的には、ある字の音韻を、頭韻を担う字と脚韻を担う字の組み合わせによって表現する技法すなわち「反切」を用いている。たとえば「東」（中国音 tong）という字の音を示すには、「徳」（中国音 tək）の頭韻 t と「紅」（中国音 hong）の脚韻 ong とを組み合わせて「徳紅反」と表現する、といった具合である。

この場合は、日本音でも「徳 toku」の t と「紅 kou」の ou を組み合わせて「東 tou」の音を説明することができるが、一般的には中国語と日本語とでは音韻体系が異なり、個々の字音もしばしば異なるので、細部に辻褄が合わないところが生じ、うまく説明することができない。それをなんとか理解の枠内に押し込めようとする努力から、一方では日本語の音韻を体系化した「五十音図」が生み出されるが、他方では齟齬を齟齬のまま丸呑みして強引に理解の枠に押し込めようと（いわば中国語学で日本語を説明しようと）、種々の工夫を凝らして深遠な意味づけを求めた挙げ句、呪術的な世界に踏み込んでしまう。その代表的な例が「名乗反切」であり、『韻鏡』の音韻説明を逆引きで用いて、二文字の組み合わせからなる名乗りを一文字に置換し、その字の意味をもって吉凶を占うことが、一五世紀に広く行われている。満家が関わりそこねたのもその一景であり、たとえば「義益」という名乗りだと「義」の頭韻と「益」の脚韻の組み合わせが「逆」に通じ不吉である、といった議論が交わされている。そうした組み合わせは同音の字であれば自由に選択できるというわけでもなく、『韻鏡』という中国語のテクストの中からいかにして適切なモデルを見つけ出すかが、ここでの議論の鍵なのであった。

そんなことを知らなくとも日常的な言語生活や基本的な読み書きに致命的な影響はないはずだが、これが当時の京都社会においては「文字」に対する理解の重要な要素とされ、そもそも「畳字」（漢字の組み合わせ）について疎い畠山満家は、そうした議論についてゆけず、評議の場から除かれてしまった。しかし実際のところ、満家を嘲笑する周囲の人々の「理解」の度合いも、相当に怪しい。「名乗反切」などは中国語の音韻を体系化した本来の「反切」の実質からかけ離れたものであり、中世後期の公家たちの理解が「反切」の本質へと及んでいるとは考え難い。それでもなお、同質の理解のカタを共有していることが、議論が相互に通じ合うことの条件として重要視されているのである。

畠山満家は、政治的には枢要な地位を占めながら、文化的には京都社会の周縁部に位置し、やや軽んじられることがあった。彼のそうした立ち位置は、彼の属する「畠山家」がそもそも「武士」の家であり、比較的最近になって京都社会に参入し、ようやく安定した地位を確保しつつある、新参者であったことに由来する。この時期、政治的には公家に対する武家の優位が強調され、「武家政権による公家政権の接収」という表現が用いられるところだが、「武家」という存在自体、「武士」を野卑な戦闘者から洗練された文明社会の構成員へと練成するための仕掛けとして、公家社会にモデルを求めて成型されたものである。ここには、京都社会で形成された文化的・儀礼的な振る舞いの形式が、周辺参加ないし模倣によって不完全な形で習得され流布してゆく過程の、一端が示されている。

新参者にとって、京都社会の文字生活を条件づけるリテラシーはたいへん複雑な構造を持っている。文字文化に対する武士たちの順応過程は、前代にすでに始まっており、鎌倉の武家や荘園領主たちとの間での種々の文書のやりとりを通じて、文字遣いそのものは、武士社会においてそれなりに日常化していた。しかし、鎌倉時代の武士たちは、京都社会の「書札礼」の仕組みの中にはっきりとは組み込まれてはおらず、南北朝期以降、武士たちが京都社会への参入を本格的に開始したことによって、彼らをどのように位置づけ遇するかが、大きな問題になった。朝廷の官位をモノサシとして準用するなどしつつ、やがて室町時代には「武家故実」が成型されることになるが、そうした中で、「反切」のような仕掛けも、さまざまな度合いで理解の対象にされることになる。畠山満家は、まさしくそうしたプロセスの中に位置し、リテラシーの複雑な成層性を体験したのであった。

一方、紹鶴の事例が示すのは、「漢字で書く」ことがシグナルとして持つ意味、そしてそれと対比される「仮名で書く」こととの差異、である。同じ「作法」を備えた文明社会の仲間から落ちこぼれ、「文字を知らぬ者」と見られることに対する不安と恥ずかしさが、紹鶴をしてあのような言い訳をさせたのであった。文字をきちんと心得た上で状況に応じたしかるべき礼式をとってこそ、文明社会の成員として遇されるにふさわしいのであって、そのような資質能力に欠ける者は軽侮の対象となる。こうした条件の下で、リテラシーの成層構造は、中心から周縁へ向かって下ってゆく文化的社会的な階層性と重なり合い、振る舞いの規矩《きく》として人々を拘束し、翻って社会の階層構造を条件づけるのである。

## 五　余談めいた話

現代にあって、「お付き合いの作法」に代表されるようなカタのやりとりは、しばしば「虚礼」として批判される。確かに、その内実を吟味してみれば「どちらでも大差ないではないか」と思われるような「お作法」が、仕来りとしてまことしやかに語られていることしばしばであり、それをいちいち墨守することにどれほどの意味があるのか、疑わしく思われることも少なくない。しかし、だからといってそれらを一からげに不要な因習として括ってしまうことは、即断に過ぎるかもしれない。仮にそう判断するにせよ、そうしたカタの持つ作用についてきちんと知っておくことは、重要である。

やりとりされるカタが担うものは、内実よりもカタそのものである。あえてその虚実を問うならば「虚」と言うべきかもしれないが、相互の位置関係を確認するための約束事なのである。それゆえ、多くの場合、約束の外部に確たる根拠を持っているわけではないが、それ以上遡った説明を必要としない形式性にこそ意味がある。つまり仕来りの中身ではなく、「仕来りに沿っていること」そのものが、そうした仕来りをカタとして共有する人々に向けたシグナルとしての意味を持つのである。

そうした関係は、外部の人々の目には、仲間内で頷き合う排他的な「仕来り仲間」として映るかもしれない。しかし、言葉や振る舞いにつきまとう曖昧さを回避してローカルな社会関係を支える仕掛けは、多かれ少なかれそうした要素を持っている。自らが無意識のうちに踏まえているカタが、実は仲間内の約束事であり、外部からは別様に見えることを、意識に上せること。そうして自らの持つカタを相対化することによって、他者の持つ異質なカタをも尊重する姿勢が生まれ、異なる約束事をカタとして持つ人々との間のコミュニケーションが一筋縄ではいかないことが自覚されるだろう。

日常しばしば目にし、耳にする、「同じ人間だから、理解し合えるはず」という楽観は、意図された内容が過不足なく言語で表現され論理的に伝達され理解されるはず、とする根拠薄弱な前提に立ち、あるいは自分の約束事への準拠を相手にも期待する独善とも結びついている。しかし、主観的な意図を相手方に理解可能な形に表現し的確に伝達するプロセスには、自明ではない約束事が介在し、言語外的なシグナルが相手方に対して及ぼす効果は軽視できない。残念なことに、人間の思考は、自然言語という不完全な道具を用いてなお「論理的」に解析評価できるほどに単純なものではなく、そもそも人がそれぞれに用いている言語の同一性すら、実はきわめて怪しいものなのだから。

もとよりこのことは、仲間内の仕来りの単純な墨守を求めるものではないし、異質な他者との間の相互理解の可能性に絶望してみせるニヒルな態度を正当化するものでもない。ここで求められることは、内実にわたる相互理解が容易でないことも、諸々の仕来りがフィクションであることも承知の上で、なお「形式」的なコミュニケーションによって、相互理解の手がかりを得ることにほかならない。カタから入り、カタを実践しつつ、その限定的な効用を内側から知ること。それは、「自分自身を知る」という「教養」の基本的な営為の、一つの現れなのである。携帯メールの作法にせよ敬語にせよ、維持されるべき約束なのか、捨てられるべき因習なのか。社会関係のあり方に即して適切な判断を下すことが、現代における「教養」の一つのカタである、とも言えよう。

# 歴史を録することと探究すること

## ——歴史の「カタ」

佐藤　彰一

些細な点であるが、歴史学は他の人文科学と変わっているところがある。それは学問的な営みと、その学問が研究の対象にしている事柄の間に、そもそも明瞭な区別がなされないことがあるという点である。日本語でも「歴史」と言うとき、往々にして事柄としての歴史なのか、それともそれを研究する学問を指して言っているのか曖昧な場合が少なくない。たとえば誰かが、「私は歴史が好きです」と言ったとしよう。それは事柄としての歴史ではなく、「歴史」の勉強が好きであるという意味でそう発言したのであり、おそらく何かの歴史的事実そのものを好む趣旨で述べたのではなかろう。

学問分野とそれが対象にする事柄との弁別をさほど重視していないと言っても、日本語はまだマシなほうである。必要があれば「歴史」に「学」という言葉を付け加えて「歴史学」とすれば、いつでも事柄としての歴史から学問としての歴史学を区別できる。研究の対象となる現象そのまま表現して、それが学問体系をも同時に言い表す例はほかにはないのではなかろうか。事象としての「経済」を言い表して、それが即「経済学」を表現していると解する者はいない。政治学にしても、法律学にしても然りである。

「歴史」と「歴史学」の表現と意味の上での曖昧な関係は、先ほど指摘したように、実は日本語のほうがそれでも英語やフランス語より有利である。いざとなれば「学」の一語を加えることにより、事柄と学問の区別が容易だからである。だが、英語やフランス語その他のヨーロッパの主要言語ではそれができない。歴史も歴史学も、どちらも英語では「ヒストリィ History」であり、フランス語では「イストワール histoire」なのであり、その二つを区別する特別の言葉はないのである。かろうじてドイツ語が日本語の歴史学と同じように、「歴史 Geschichte」に「学 Wissenschaft」を付け加えて、「歴史学 Geschichtswissenschaft」をつくったが、これは造語であり、人間の言語生活の中で、自然な感性の発露から生み出された言葉ではない。

このようにヨーロッパの諸言語に明瞭に見てとれるように、歴史学に関しては、そもそも学問分野がその対象から明瞭に区別された別個の体系をなし、別種の仕組みを持つ知的活動領域であるという認識が希薄であったと言わざるを得ない。むろん学問の発達の歴史を振り返るならば、今日的な意味での学問が成立したのは近代に入ってからであり、こうした事情は何も歴史学だけに認められる特別な事態ではなく、理系の諸学も含め、ある時期まですべてに共通する現象であった。しかし今日では、そうした学問と対象とが同じ言葉で表現されても特段の違和感を覚えないというのは、歴史くらいのものであろう。人文科学の中でも歴史学がそうした性格を最も濃厚に保持しているように思われる。そして、そのことは歴史学の本質に関わる重要な特徴であり、近代が生み出したさまざまな学問の体系の中で、歴史学の学的営為とは何かを一義的に決定することの困難さと結びついていると言ってもよいのではないか。言葉を換えて言うならば、万人が納得し同意する「歴史」の中身を提示することの難しさは、この点と深く関連しているように思われる。

いささか前置きが長くなってしまったが、この一文は歴史学という知的・精神的営みを条件づけると筆者が考える幾つかの要素を取り上げ、「歴史(学)」の名において提供される「事実」をどのように受けとめるべきか、また歴史を学び研究するためにどのような知的態度が必要か、そして歴史の内実である「事実」を解釈するとは何を意味するのか、などのいずれも歴史学の本質に関わる、容易に解答を出すことができない難問について、それにもかかわらず蟷螂《とうろう》の斧を承知で考察を試みたものである。限られた紙幅で風呂敷を広げ過ぎたきらいがあるが、論点を整理するための試論として読んでもらえれば幸いである。

＊

もともと「歴史」という言葉は、印欧語で「見る」とか「知る」とかの行動様式を意味する言葉の語根 wid

やvidから派生したとされている。ギリシア語の「歴史ιστοριη」（イストリエー）は、ここから出てきた言葉である。紀元前五世紀のギリシア人ヘロドトゥスが、今日『歴史』の名前で知られている自らの著作に掲げた序文の冒頭に置いた一文「本書はハリカルナッソス出身のヘロドトゥスが、人間界の出来事が時の移ろうとともに忘れ去られ、ギリシア人や異邦人の果たした偉大な驚嘆すべき事績の数々（中略）も、やがて世の人々に知られなくなるのを恐れて、自ら研究調査したところを書き述べたものである」（松平千秋訳）の中の「調査ιστοριη」から取られている。ここでのイストリエーは、必ずしも過去の事実だけではなく、実体験や、伝聞で知ったことなどすべてを含んでいて、まさしく調査報告という言葉でピッタリ言い表される内容であった。現代であれば歴史研究とも、地理学調査とも民俗学調査とも呼んで差し支えないほど多様な問題を論じている。

古代ローマの著作家キケロは、ヘロドトゥスを「歴史の父」と讃えたが、われわれの脳裏に「歴史」の二文字が明滅するとき思い浮かべるのは、ヘロドトゥスのような一見焦点を欠いた散漫とも見える百科事典的な叙述ではなく、事件の発端から終局までを、因果関係の糸を紡ぎながら、出来事の意味を問う目的論的な語りで有名なトゥキディデスの『ペロポネソス戦史（以下、『戦史』と略す）』である。

ここで理解しておかなければならないのは、トゥキディデスの真の狙いが、戦争の経過の中で次々に起こる出来事をただ関連づけて説明するにとどまらず、そうした変転の「意味」、変転の超歴史的な意味を問うところにあったという点である。著者トゥキディデスの側には、この戦争の意味についてのある漠たる観念があり、それを自らが確認するとともに、他者に対してそれを説明することへの欲求があり、そのための首尾一貫した語りが構成された。それぞれの表現には一義的な意味が与えられるとともに、さまざまの様相を異にする出来事が、定められた視点から包摂され、単純なコトの連なりが、深遠な意味連関に変容させられるのである。

歴史学の学問的任務は、過去に生起した出来事を理解し説明するところにあるというのが一九世紀のドイツ歴史主義の考えであり、フランスの歴史家マルク・ブロックが名著『歴史のための弁明』の中で、全編をとおして訴えている内容である。アテナイ民主政の歴史的意味を理解しようと試みたトゥキディデスの『戦史』は、そのような意味で後の歴史学の先駆とも呼べる歴史的著作である。

だがトゥキディデスは、自らの歴史記述に「歴史」の概念を用いない。彼は人間の行動に密着したもっと生《なま》の語彙を使用して、歴史を語った。「ヒストリエー」を歴史の意味で体系的に用いたのはアリストテレスの著作『詩学』であった。そこではこの言葉が「起こった事柄」の再現の意味で使われている。興味深いのは、それをトゥキディデスのようにある行動の総体というより、ある時代の全体的な像を述べたものと捉えられていることである。時代像の表現とは、彼によれば政治と軍事であった。

アリストテレスが向かった方向は、その一〇〇年後にローマの著述家ポリビオスによって探索された。彼は世界のさまざまの地で起こっている出来事や人間の行動は、互いに関連しており、単一の方向に向かっての歩みであると見た。すべてが始まりと、中間点、そして終局を持っており、それはローマの世界制覇により統合されると考えたのである。そうした指向は、すでに後のキリスト教神学の歴史認識を先取りしている。古代ユダヤ教の流れを汲むキリスト教は、すべての出来事は終末に向けての歩みの一エピソードでしかなく、歴史は世界の終末と、その果てにある永遠の世界の到来に向けての予兆であるとみなした。中世を通じて、このような予兆論的歴史観から自由で世俗的な歴史の思考が育つことはなかった。

歴史の観念についてわずかに注目されるのは、聖アウグスティヌスの考えである。彼は本稿の冒頭で取り上げた「学」としての歴史と、その対象としての歴史の区別の重要性を正確に認識していた。彼は「歴史記述 narratio historica」と「歴史それ自体 historia ipsa」とを区別しているのである。正確な「歴史記述」は、学問的な歴史研究の成果により実現されるのであるから、アウグスティヌスの指摘は、「学」としての歴史と、対象としての歴史の区別と言い換えてもよいのである。

アウグスティヌスは、歴史と歴史記述に関わるこの根底的な認識から、キリスト教の歴史神学とは別の領域を切り開いたのではなかったが、彼が示唆した区別は歴史学のその後の展開と、それが抱えるさまざまな問題を整理する上で便利なので、これを使うことにしよう。

＊

歴史記述で大事なのは単にどのような文体で、どのような観点から歴史を捉えるかというだけではない。歴史という事象を、どのように認識するかという認識論を根底に据えた知的営みである。さらにその上で、個々の事象を解釈する解釈学的努力が必要とされる。ブロックがその知的遺言の中で、「端的に言えば、一つの言葉が私たちの研究を支配し、輝かしいものにしている。それは理解するという言葉だ」と述べているように、「理解」という契機は歴史研究の最も重要な要素である。「理解」はまた説明という知的な実践と切り離せない。自ら一人が理解するだけでは、孤立した認識にとどまり、歴史の理解としては不十分である。歴史の理解は文学的、芸術的な直感的理解ではなく、他者にもその理解を説明し、その理解が了解されるような客観化されたものでなければならない。アウグスティヌスの「歴史記述」は、このような一連の複雑な問題連関を孕んだ営みとして解されなければならない。

もう一つの側面である「歴史それ自体」は、歴史的事実の確定をその内容としている、と言ってよいであろう。歴史的事実を提供するのは「証拠」であるから、事実の確定作業は証拠の検証ということになる。歴史の叙述においてその中身となる材料は「史料」と呼ばれるから、「歴史それ自体」の探究は、優れて史料論的性格を帯びることになる。

はなはだ大まかな括りになってしまうが、聖アウグスティヌスの透徹した頭脳が生み出した歴史的営為に関する分類は、現代ふうに言い換えるならば、歴史認識論と史料論とに区別されるであろう。なおここで言う歴史認識論とは、昨今言われている「事実の解釈論」ではない。当世盛んに言及されるそれは、端的に言えば史料の解釈問題に属している。ここで言う歴史認識論は、「エピステメー」と称するより根源的な水準の認識であり、それは「歴史」という認識の原理そのものの有効性さえ疑問視する問いかけである。

さて、このように「歴史認識論」の内容を押さえた上で、しばらく学としての歴史認識論の足跡をたどることにしよう。

中世以来のその発展を眺め渡したとき、転換を画しているのは歴史が科学の位置を与えられる前と後であろう。一九世紀は人々が科学の分類に熱中し、その根拠について盛んに議論が闘わされた時代であった。それ以前にもイタリアの人文主義者や、これより下ってロマン主義の歴史家たちが歴史を叙述し、歴史の意味について論じた。だがその議論は、歴史学が科学を標榜することに伴って生じた論争に比較すれば、議論の針の振幅は小さく、また文学的叙述に対する歴史記述の独自性の認識も素朴な状態にとどまっていた。

一九世紀前半にオーギュスト・コントが提唱した実証主義哲学と方法論は、あらゆる科学は経験的事実にのみ立脚し、一切の先験的な推論や形而上学的思考法を排除するところにその特徴があった。経験的認識と実在論的な主張は、当時台頭しつつあったブルジョワジーの価値観とも合致して強い影響力を持つようになった。一方でこうした方法論的気風は、形而上学の否定という点で、経験的認識を核とする自然科学の思考とも強い親和性を持っていた。自然科学の規範に依りながら、歴史研究の方法論を構成しようとしたのが、フランスで生まれた「方法学派」と称された実証主義歴史研究の潮流である。そこでは実験科学に類似の分析手法が唱えられた。事実を伝える史料が、いわば実験のデータであり、史料の欠落は実験データの不在であるから、史料がないところには、認識可能な「歴史」は不在であるとみなす徹底した立場であった。

このように史料は歴史研究のアルファでありオメガとされる。史料の重視は、それ自体正しいことである。しかし問題なのは、その解釈論が極端に機械的かつ表層的なシステムとして主張されたことであった。たとえばこんなふうである。史料はまず外的批判と内的批判の二重の批判作業に曝されなければならない。外的批判とは史料の外部的特徴である。それは真正の記録でなければならない（真偽の批判）。史料はまた完全な記録で、後に付加された言葉や、欠落、毀損があってはならない（完全性の批判）。ここまでは文字記録としての史料の物的側面である。続いて記録内容の批判作業が求められる。記録者が意識的、あるいは無意識的に嘘の証言をしていないことの確定（誠実さの批判）。さらに記録者が欺かれておらず、正しく見聞きしており、その記憶が正確であることの確認（正確さの批判）が求められるという具合にである。

こうしたことの一つひとつが、別に根本的に間違っているわけではない。しかしこうした検証システムは、人間社会での記録の残り方、いやそもそもその根源である「記憶」のありように照らして、あまりに硬直した捉え方ではなかろうか。記録の真偽の判定は、過去の証言の真偽を問うことであるから、歴史研究にとって忽《ゆるが》せにはできない大事な点である。そのことは明らかだ。しかし、たとえばそれがほぼ同時代に作製された偽書であったとすれば、それはまた別の証言、つまり偽作を行うことに利益を見出す人々や勢力があったことの紛れもない証言であり、このことは過去の真正記録からは見えてこない、歴史の暗闇を照らし出す重要な手掛かりとなりうる。だが、方法学派の見解によれば、「偽書」が歴史の史料として利用される余地はないのである。

「完全性の批判」という基準においては、記録に欠落や欠損部分があれば、その部分を他の記録を用いて復元しない限りは、当該の記録を利用してはならないとされる。内的批判の規矩《きく》となっている証言者の「誠実さの批判」や、「正確さの批判」のような精緻な検討が可能なのは、ごく一握りの証言者について数多くの記録が残されている為政者の場合だけである。それとても、時代を遡れば遡るほど困難になる。

このように、実証主義的思考を徹底させようとした「方法学派」の提唱を文字通り実践したならば、歴史の探究の対象になりうるのは政治的事件の歴史、しかも史料に恵まれた近代のそれに限られてしまい、大多数の人間の痕跡は歴史の対象から抜け落ちてしまうことになり、表面的な科学性の追求が歴史研究にもたらす弊害は明らかであった。

同じ頃、新カント学派と呼ばれるドイツの哲学者の一人であったハインリヒ・リッケルトは、『自然科学的概念構成の限界』や『文化科学と自然科学』を著し、歴史をはじめとする文化を対象にする場合と、自然を対象とする場合の科学性は根本的に異なるのであり、その概念構成も同じではないと説いた。科学としての性格は、分析する対象に即して定義されなければならない。歴史は文化現象であり、その科学性は自然を対象にする自然科学のそれとは異質であるとする。つまり「科学」という概念は相対的であり、あらゆる探究は、その対象自体が持つ厳密性に到達したとき、科学の名前に値するのであると。自然科学の概念構成をそのまま借用して、歴史研究の方法論にしようとした「方法学派」の主張は、この点への認識を欠いた誤謬だということになる。リッケルトが科学性を充たす条件としての「対象自体が持つ厳密性」とは、歴史学においては過去を再構成する手続きの厳密さということになるが、この点については、もう少しあとのほうで取り上げることにしたい。

さてリッケルトが指摘した自然科学と文化科学の違い、わけても歴史学の学問としての性格に関連して示唆的なのは、歴史学が大学で学ぶ教科とされたのが著しく遅かったという事実である。著名なイタリア人古代史家アルナルド・モミリアーノが著した論文の中に、ヨーロッパの大学で歴史の教科が導入されたのが、他の学問分野に比べてなぜ遅かったのかを論じた一文がある。ルネサンス期以降の大学での歴史教育を後づけながら、著者はその理由として、以下の二点を挙げる。「歴史」という教科の枠組みが不鮮明であり、人が「歴史」の学習に求める内容は、別の教科の勉強で獲得できた、つまり教科として重要ではなかったというのが第一点。第二に、「歴史」が重要であった場合でも、それを理解するための専門知は特別の教科を設けて修得しなければならないほど難しくはなかったということである。ラテン語や数学や法学や神学に比べてやさしい学問であったである。そうした教科であった「歴史」が、大学で教授される学問として最初に登場したのが、ラテン語の理解に困難が大きかったドイツの学校や大学であったのは当然であった。フランスやイタリアなどのロマンス語の文化圏に属する人々と違って、ここでは古典語テクストを読み、理解するには学習の作業が必要であったからである。

＊

歴史書を読むことと、「歴史」を学ぶこととがほとんど同義であるというのが歴史の学習の容易さであるとしても、その容易さは現実に書かれた「歴史」を超えて、ランケに倣って現実に生起した事柄を確定しようとするとき、一気に霧散し消滅するのである。困難は二重である。そもそも何をもって歴史的事実と見るか。これは認識論上の厄介な問いかけである。もう一つは、史料証拠にいかにして未知の事実を語らせるかの技法の探究である。

すでに指摘したように、リッケルトは「対象自体が持つ厳密性への到達」を科学性の基準とした。それでは、歴史学の対象がそなえている厳密性とはどのような水準なのであろうか。いや、むしろこう言い換えたほうがよいかもしれない。そもそも歴史学の対象とは何なのかと。対象を過去に生起したすべてとするならば、それは細切れの断片的な事実の茫漠たる大海原のようなもので、無規定的であり、意味を欠いた世界である。

英仏百年戦争の只中にオルレアン侯ルイが、英国を支持して対立するブルゴーニュ侯ジャンの差し向けた暗殺者たちの刃に懸かって、非業の死を遂げるという歴史上の一大事件が起こった。それを解説した現代の中世史家ベルナール・グネの筆致により、その一部を再現してみよう。

一四〇七年一一月二三日、聖クレマンの祝日、七時から八時にかけては、もうすっかり夜の帳が下りていた。パリのヴィウイユ・デュ・タンプル街もこの夜、かなり闇が深かった。ひとりの大身の貴族が、騾馬に跨がり、松明二、三本を先に立て、騎乗の者五、六人に徒士三、四人という供回りで、王妃イサボーの住まうバルベット館から出て、サン・タントワーヌ街の方へ向かっていた。

リュー元帥の館の辺りに差しかかったとき、正面の家、「聖母像の館」で十数人の男たちが待ち伏せていて、かの大貴族の一団に向かってきた。みな覆面で、剣や斧を手に、「死ね！　死ね！」の叫び声とともに襲いかかる。大貴族は、「何者だ？　どこの手の者だ？」と叫び、左手を挙げて身を守ろうとした。しかし、すぐに騾馬から打ち落とされてしまい、従者たちはといえば、ひとりを除いてみな逃げだし、助けを求めて叫んだ。「助けてくれ！　人殺しだ！」。また、扉や窓の陰から目撃していた者もおり、やはり「人殺し！　人殺し！」と叫び立てたが、暗殺者たちはずっと「死ね！　死ね！」と喚き、剣やその他の武器を打ち合わせる大きな音を立てながら、犠牲者を襤褸布のように痛めつけた。

まもなく、大物らしい覆面の男が、襲撃者の一団に歩み寄り、犠牲者の体を検分してこう云った。「皆の者、明かりを消せ。行くぞ。奴は死んだ」。男たちは灯していた松明をぬかるみに入れて消し、「聖母像の館」に火を付け、あらかじめ用意していた馬に乗った。見ていた人々は、「人殺し！　人殺し！」と叫び続ける者もいれば、今度は「火事だ！　火事だ！」と叫び始める者もあったが、例の一団はブラン・マントー街を抜け、姿を消してしまった。矢を放ち、鉄と鋼の撒き菱を通る後からばらまいて、逃げおおせたのである。（ベルナール・グネ『ある殺人と社会』）

血なまぐさくも、臨場感あふれる描写であるが、これを仮に現代の歴史家ではなく、暗殺の現場を恐怖に震えながら物陰から見ていた同時代のパリの町人のペンになるものであったとしよう。極端な想定であるが、彼が暗殺者たちすべての者たちの言動を、筋肉の動き一つひとつ（これもまた紛れのない事実である）まで微細に描写できたとしよう。そうした極微の作動を逐一言語で完全に記述できたとしたならば、その結果もたらされるのは厖大な人間の物理的・生理的動きの観察記録であり、暗殺の記録とは似ても似つかないテクストであろう。「暗殺」という言葉そのものが、姿を現す余地がないのである。この記録が暗殺事件の描写として、つまり「歴史」の一場面として理解されるためには、このテクストには意味が与えられなければならず、その意味作用に沿って、連続的な極微的観察の記録を映画のコマ落としの手法さながらにカットし、大括りな描写に纏められる必要がある。そこにはある種の「選択」が働く。つまり歴史記述が意味を持つためには、それが無限に多数の事実から選び取られたものとして存在するのである。ポール・ヴェーヌはその著書『歴史をどう書くか』の中で、こうした事情を、「何もかも歴史である。ゆえに大文字の〈歴史〉など存在しない」と表現している。先に述べたような歴史記述者が行う「選択」という操作が介在することにより、出来事の記述は意味をそなえたテクストとして構築されるからである。

それでは選択がなされるとき、何が選択の内容を決定するのであろうか。われわれは作為を持った記述者の意図的な選択をこの際除外することにしよう。そうすると、先のオルレアン侯ルイの暗殺事件の描写を引き続き援用するならば、この事件に遭遇した記述者が、事後的に得た情報などをも参考にして、彼または彼女なりに構築した事件の意味理解に即しての事実の取捨選択になるであろう。その点で、事件を記録した史料と呼ばれる記録は、厳密にはまた記述者の仮説の表明と言わざるを得ないのである。

それはこの記録を解釈する歴史家が、解釈的営為の苦闘の挙げ句に、ついには「正解！」という掛け声で報われるような確たる内実をそなえてはいない。解釈の妥当性を一〇〇パーセント証明してくれる客観的保証はどこにもないのである。レモン・アロンが、「歴史認識は、過ぎ去った事柄を、たまたまわれわれの手に残されている文書によって叙述することなのではなく、われわれが何を発見したいのか、あらゆる集団の主要な諸側面がいかなるものかを十分に自覚した上で、われわれ自身の手で探し出そうとすることである」と、仮説的な問いかけが歴史認識のための解釈作業の必須の前提であると主張するとき、歴史記述者自身が自ら見聞したことについての意味づけの不確かさに加えて、記述を解釈しようと試みる歴史家の側の仮説設定が重なり、事態は一段と複雑さを増してしまうかに思われる。だが、それは表面的なものである。なぜかと言えば、歴史家の仮説的探究は、ひとえに史料の書き手がなぜそのように、別様ではなく、まさしくそのように記述したのか、その意味を正確に探り当てること（確かにそれは言葉で言うほど容易ではないが）にあるのであって、差し当たりはその歴史記述を超えて、真実の事態そのものを件《くだん》の記述から抽出はできないからである。それは同じ事柄を記録した別の材料が存在するならば、それとの突き合わせにより、真実であることの蓋然性が云々されるだけなのである。

過去は出来事であり、記述ではない。記述することは、出来事に意味を与える所業であり、「出来事に意味を与えるために、時間は短縮され、微細なことが選択され照明を当てられ、行為は集約され、関係は単純化されている」というレーヴェンタールの言葉が、端的にその事情を要約している。そして歴史記述が、出来事に意味を与える役割を宿命的に背負っているとわれわれが認識するとき、想起するのはトゥキディデスの『戦史』である。都市国家アテナイとスパルタの戦争を叙述したこの歴史記述の生成は、まさしくアテナイ民主政の命運を物語るという、明瞭な意味づけの意識の下に構築された叙述なのである。こうした側面を考えるならば、トゥキディデスこそ真正の歴史記述の父と言える。

＊

歴史、すなわち歴史記述についてはこれくらいにして、「歴史学」のほうに目を向けよう。

近代のある時期までに、「歴史学」が大学の教科としてなかなか登場しなかった理由として、その内容を理解するのが、特段の専門的な知識を必要としない、その容易さにあったとするモミリアーノの見解はすでに紹介した。歴史学が大学の教科に加えられるようになったのは、それが専門知を必要とし、史料を解釈する技術が高度な専門的知識を必要とされるようになったことの結果である。

歴史記述の素材として、最も一般的なものは文字で書かれた記録である。より真実に近い過去を再現しようとするならば、過去の事実を正確に証言している記録に基づいて、事実を再構成しなければならない。そこで重要になるのは、虚偽の事実を記している記録と、真実のそれとを区別することである。

真正の記録と偽書とを判別するという、史料批判上の大原則の基礎を置いたのは、一五世紀半ばに活躍したイタリア人ラテン語学者ロレンツォ・ヴァラであった。この人物はキリスト教徒に信教の自由を認めたミラノ勅令を発布したことで知られる古代ローマのコンスタンティヌス大帝が、当時のローマ教皇に与えたとされる寄進状が後代の偽作であることを証明したことにより、言語学と文献学の知識により、記録の真偽を見分ける手法を確立したのであった。古典ラテン語が時代によって蒙った変化についての卓越した知識と、優れた言語感覚の持ち主であったヴァラは、ローマやイタリアはおろか、西方世界全土の統治権を教皇に委ねる内容のこの書状が、コンスタンティヌス帝時代のラテン語で書かれていない事実を論証したのである。これは文字記録のもとになる言語が、時代とともに変化する事実を科学的に探究するラテン文献学の誕生を告げる出来事であった。それは作成年代不明の記録の年代を推定し、歴史の研究に利用するための画期的な発見であった。

史料の批判的研究にとってのもう一つの大きな転機は、一七世紀に活躍したフランスの修道士でサン・モール会士であったジャン・マビヨンの著書『文書の形式について』(一六八一年) の登場であった。マビヨンはこの中で、パリのサン・ドニ修道院に伝来したメロヴィング王朝の国王たちが発給した証書を精細に検討し、それがいずれも真正の文書であることを証明し、一部に根強くあった偽作説を詳細に論駁したのである。彼はメロヴィング王朝における文書局での文書作成のさまざまな慣行、すなわち冒頭の定式をはじめとする書式や、文書の認証形式、日付の付け方などを逐一明らかにして、真正の国王文書の雛形を提示して見せた。この雛形は中世初期のラテン語で書かれた国王文書の真贋を見きわめるための基準として、次の世代に継承され、いっそうの精緻化と体系化がなされることになる。マルク・ブロックは『文書の形式について』の出現を、「実に人間精神の歴史において一大画期であった」と、絶大な賛辞を送っている。このようにして、言語形式と、その言語を用いてつくられた文書の形式面からの真贋を判別する技術の原型ができあがった。やがてそれらは、続く世代の学者たちにより理論的に練り上げられ、精緻な体系として構成されることになる。

忘れてならないのは、マビヨンの世代が古代や中世の文書だけでなく、歴史史料としての碑文や印章の蒐集、それらの目録化に費やした巨大な努力である。マビヨンが所属したサン・モール会士のほかに、イエズス会士や国王、大公らの修史官、民間の系図学者たちが全ヨーロッパの教会や修道院、世俗支配者の文書庫を探索して、写本や文書その他の歴史史料の調査を行い、目録を作成した。彼らはさまざまな時代の多種多様な書体で記されたアルファベットを読む経験を積み、その経年的変化も識別できる能力を身につけた。その知識は「古書体学」という史料学の分野を拓くことになった。

こんにち「フォント」と呼ばれるローマ字体が、ヴァリエーションはあるものの、一応の標準の書体を見る機会があればこそ、私たちは比較的自由に自己流の筆跡でアルファベットを書き流しているが、物差しとなるそうした基準体がなかったとき、「a」が「a」と読まれるためには、手本通りにそっくりそのまま模倣することが求められる。このようにして中世に写本作成の主要な工房となった修道院の書写室(スクリプトリウム)は、できる限り個人の書体上の個性を排した、修道院ごとの伝統的な書体が連綿と継承される状態が生まれることになる。

書体と並んで、写本を作成する際にとられる造本のためのさまざまな技術的措置、たとえば写本の判型、ページの本文面と余白の比率、折帖の規格、表紙の造作など、修道院の写本工房ごとに違いがある。これを研究する史料学の領域が「書冊学」である。古書体学と書冊学は、写本研究の車の両輪であり、作成年代も、出所も不明な写本の来歴を同定するための必須の知識を提供してくれる。
このほかに古代の碑文と、書体も約束事も異なる中世碑文学や、印章の機能と形態に関する学問としての印章学、度量衡の歴史的変遷について教えてくれる度量衡学など、過去の歴史そのものではなく、過去を正確に再構成するための素材となる文字記録やモノの証言を引き出すために必要な知識の体系が存在するし、歴史家の過去を知ろうとする情熱によって、日々新たな分野が生まれつつあると言ってもおかしくない状況にある。

*

このように正確な歴史の再現のための努力が昂ずれば昂ずるだけ、いわゆる歴史の叙述から離れていかざるを得ない。トゥキディデスのような大局的な叙述が困難となるのである。時々刻々の戦闘の経過を再現することもさりながら、そもそもの背景となるアテナイ国家とスパルタそれぞれの社会の仕組みを解明し、それぞれのどのような要因が、両者を対決させるように導いたのかを明らかにしなければならない。むろんその分析作業において、『戦史』は重要な史料として貴重な情報を提供してくれるが、歴史家はもはや著者トゥキディデスに寄り添って、彼が見たようにはペロポネソス戦争を見ることはしなくなる。歴史的観照、運命への深い共感あるいは死者への鎮魂の想いは、煩瑣で理知的な分析に場所を譲るのである。

歴史家の営為は多くの場合、歴史の分析的研究が歴史の叙述による再構成の代わりをなしている。何十万時間にも及ぶ史料研究の成果を踏まえて、ペロポネソス戦争の歴史をトゥキディデスのような仕方で叙述することはおそらくできないであろう。それは歴史の研究者が叙述の技量の点で劣るからでも、その時代の空気を吸っていないという直接性の欠如のゆえでもないであろう。形式上二つは別物であり、言語記述を手段にして過去を再構成する点では共通してはいるが、両者は異なるカテゴリーに属している。アリストテレスの言い方を借りるならば叙述は詩学に、分析的再構成は学知に属する。この一文の当初の出発点に戻って、叙述を「歴史」に、分析的再構成を「歴史学」に置き換えてみよう。それぞれの営みの形式は異なる。しかし、いずれも真実の過去に到達したいという知的努力である点で同じである。

歴史学に関して、近年しばしば非難がましく言われることとして、歴史の研究はあるが、歴史の叙述がないというのがある。だがトゥキディデスの時代に関して、トゥキディデスのようなスタイルで歴史を語ることはできない。それはフィクションならざるを得ないからである。それはすべての歴史家が弁《わきま》えるべき規矩である。

# 儀礼が法をつくる

## ――法学の「カタ」

小川　浩三

### 一　社会あるところに法あり？

#### 大学で学ぶ法

「社会あるところに法あり」とは、よく言われる。「法」という語をルール（規則・規範）の意味で理解するのであれば、この文は正しいだろう。およそどんな社会（人々の結びつき）でも、その社会が維持されてゆくためには何らかのルールが必要だということだからである。しかし、大学、とりわけ法学部で学ぶ「法」の意味――つまり、近代ヨーロッパで発展し、世界に伝播し、現代のわが国でも行われている法――だとするなら、この文は正しくない。この意味での法は、どこにでもあるわけではない。大学で学ぶ「法」は、一般には裁判を前提にする。「法の支配」あるいは「法治国家」という概念がある。これは、行政や裁判といった権力の行使が、行使する者の恣意的な判断によってなされる（「人治」）のではなく、法に従ってなされなければならないということを意味する。これをもっと展開すれば、権力の行使が法に従っているかどうかを裁判所で争うことができるということになる。たとえば、運転免許の取消しといった警察の処分に不服がある者は、処分が法に従って行われた（適法）かどうかを裁判で争うことができる。あるいは、裁判所の判決に不服がある者は、上級の裁判所に上訴してその判決が適法かどうかを争うことができる。このように考えれば、「法の支配」や「法治国家」という概念は、実質的には国家のさまざまな行為が「裁判所による審査」に服すること、そうした「裁判所による審査」を組み込んだ国家と理解することができる。以下では、裁判を中心とした法について、そして、法において「カタ」通りの議論をする理由について考えてみたい。

## 二　裁判

### 裁判＝法を語る

では、裁判とは何か。裁判はドイツ語でRechtsprechung――英語ではjurisdictionだが、これは裁判を行う権限である裁判権を意味する――と言い、文字通りの意味は「法を語る」ということである。この場合の「法」とは、「何かをすることができる」、あるいは「何かをすることが許される」ということである。だから、「権利」と言ってもよい。ちなみに、ドイツ語やフランス語では「法」と「権利」は同じ語（Recht, droit）である。たとえば、AがBから金を借りて、その貸金を返還しない場合、Bは貸金の返還を求めて裁判所に訴えることができる。この場合、裁判所は、AがBに貸金を返還せよという判決を下す。この判決の意味は、BがAから貸金の返還を受けることが「できる」こと、あるいは、Aが自発的に返還しない場合には、BがAに支払いを強制「できる」ことである。支払いを強制するということは、Aの財産をAの意に反して取り上げることである。これは、裁判によって「これができる」と認められていなければ、他人の財産を相手の抵抗を抑えて取り上げることだから、強盗になる。あるいは、殺人を犯した犯人に対して死刑の判決が下されたとする。これは、国家に対してこの犯人を殺すことが「できる」と認めることである。もちろん、「殺すことができる」という裁判がなければ、いかに国家の行為であっても、それは殺した公務員または命じた公務員の殺人罪になる。

## 法と不法の区別

ここで、財産を無理やり取り上げる、あるいは、人を殺すという行為を、一般化して実力行使と言うとすると、裁判は、犯罪にならない正当な実力行使と、犯罪になる不当な実力行使を区別した上で、具体的実力行使がどちらになるのかを指定する行為だと言うことができる。正当な実力行使は、それをすることが「できる」ので「法」、これに対して不当な実力行使は「不法」と言うことができる。したがって、裁判とは、実力行使を一般的に不法と禁止した上で、法と不法とを区別し、具体的な実力行使が法として「できる」ものなのかどうかを識別することである。この意味で、裁判は「法を語る」、あるいは「法について語る」、あるいは識別された実力行使が「法であると語る」ことである。現代では、この法としての実力行使をできるのは国家権力、具体的には公務員だけである。たとえ貸金の返還を強制できるという判決を得たとしても、これを強制するのは判決を得た私人ではなく、公務員である執行官である。このように、現代の裁判は、私人が自ら行う実力行使(自力行使)を不法として一般的に禁止することを前提にする。見方を変えれば、裁判が十分に機能すれば、私人は後に述べるような危険性のある自力行使をする必要がないのであるから、自力行使は減少する。この意味で裁判は、私人の自力行使を抑えることを目的とすると言ってもよい。逆に裁判が十分機能しないところでは、私的な自力行使(たとえば、暴力的な貸金取立て)が働くことになる。法あるいは裁判の発展は、したがって、自力行使の抑制・禁止の発展でもある。自力行使の禁止は、しかし、一朝一夕になったものではなく、少なくとも建前の上で達成されたのはヨーロッパでも近代以降のことであり、日本では明治維新以降のことである。以下では、自力行使の抑制禁止と法・裁判の発展の関係を見ることにしよう。

## 三　自力行使の抑制・禁止

### 目には目を

自力行使の抑制という観点から、最初に注目されるのは、紀元前一八世紀の「ハムラビ法典」に現れ、さらに「旧約聖書」の戒律からイスラム教の「コーラン」にまで至る「目には目を、歯には歯を」の規律である。これはまた、西欧法の基礎になった古代ローマ法の原則でもあった。この「同害報復」の規律の意味は、しばしば誤解されるように、他人の目をくり抜いた者は自分の目をくり抜かれる罰を受けなければならないということではない。自分の目をくり抜かれた者は、くり抜いた者の目をくり抜くことが「できる」という意味である。「やられたらやり返す」という報復感情は、どこでも見られるものであり、現代でもほとんどの戦争、武力行使の背景にある。報復が最初に受けた打撃よりも大きくなる（「一発殴られたら、二発殴り返す」）ことも、そしてこのエスカレートした報復に対してさらにエスカレートした再報復がなされることもしばしばあり、さらに無限に連鎖することもある。これも、悲しいことに世界のさまざまなところで起こっていることである。社会内部でその構成員の間に報復の連鎖が生じ、エスカレートして行った場合には、多くの人々をも巻き込んで社会全体の崩壊につながりかねない。したがって、報復感情そのものを抑えることができないとしても、報復の連鎖は切断しなければならない。同害報復は、被害の範囲内で報復することを「法」と認め、したがってこれを被害者は「できる」が、これに対して再報復することはもはや「不法」として認めないものである。このようにして、報復を一回限りにすることを目的としている。しかし、報復を一回限りにするためには、具体的な自力行使が最初の攻撃に対する報復であって再報復でないということが明確でなければならない。しかし、これを明確にすることは、これまたそれほど容易ではない。

## セカンド・オーダーの観察

典型的な自力行使である喧嘩のシーンを想定してみよう。喧嘩の両当事者に言い分を聞くと、たいていの場合、相手が先に手を出したと言う。あるいは、相手が侮辱的なことを言ったので、それに対する報復として自力行使したと言う。いずれにしても、たいていの喧嘩ではそれぞれの当事者は、悪いのは相手方で、自分の自力行使には正当な理由があると考えている。これは、起こった出来事に対するそれぞれの当事者の主観的な観察、思い込みである。これを、社会学者はファースト・オーダーの観察と言う。しかし、一歩引き下がって冷静に考えれば、自分に正当な理由があると観察している自分はひょっとして間違っているかもしれない、と自分を観察(反省)することができる。この観察は、事態を観察している自分を観察する、つまり観察の観察なので、セカンド・オーダーの観察と言う。喧嘩の際にセカンド・オーダーの観察ができれば、たとえば自分が攻撃を加える前に、先に手を出したのは相手である、だから自分はこれから報復するのだと言って宣言するであろう。この宣言は、相手に向かっても行うが、それ以上に、自分に仲間がいればその仲間たちに向かって、さらには周りで見ている人がいれば、その人たちに向かって行う。このような宣言は、次に述べる儀礼の問題に関係してくる。いずれにしても、この宣言は一方の当事者からの一方的なものであって、相手方からすれば、もちろん別の言い分があろう。その場合、相手方もまた、先に手を出したのは自分ではなく相手だと主張することになる。こうなれば、争いは実力行使による争いではなく、まずは「言葉」の争いになる。この「言葉」の争いにうまく決着が付けられれば、どちらが報復かを決めることができる。そして、この決着によって相手方の攻撃が最初の攻撃だと認めさせた者だけが、正当に報復できるというのが、裁判の考え方である。この論理を貫けば、裁判を経ない攻撃は、たとえどんな理由があろうとも正当な報復ではないということになる。裁判が法として認めた自力行使だけが正当な報復になり、それ以外の自力行使はすべて不法として（もちろん裁判を経た上での）正当な報復の対象になる。これは、「やられたらやり返す」という素朴な報復感情——相手が悪いというファースト・オーダーの観察を前提とする——からは、程遠い。裁判は、素朴な報復感情に対する懐疑的観察（セカンド・オーダーの観察）を前提にしているのである。では、どうして裁判には、このような識別する力があるのか。それを支えているものはなんであろうか。それが、すでに若干示唆した儀礼の問題である。

## 四　自力行使の抑制と儀礼

### 威嚇と恭順

闘争的な動物たとえば犬の場合、自分の縄張りの中に入ってきた別の犬を縄張りから退けるために、直ちに攻撃することはない。まず尻尾を立てるといったような威嚇のポーズをとる。これに対して、相手方はこの威嚇に対して引き下がるか、または自分も同じように威嚇のポーズをとる。これに対しては、さらに低く身構えて唸るとか、さらには歯をむき出しにするといったように、威嚇のポーズをエスカレートさせる。こういう中で、どちらかが戦いをやめて引き下がる場合もある。威嚇だけで退けることができない場合に、初めて実際に戦いに入る。この場合でも無差別に噛み合うのではなく、たとえば口の周りだけに攻撃を加える。また、相手を完全に打ち負かす（殲滅する）まで攻撃を加えることはなく、劣勢になった側が首のような自分の急所を相手の牙の前にさらすという恭順のポーズをとれば、優勢な側は攻撃をやめる。戦闘継続による傷害、落命の危険を避けるためと考えられる。このように、威嚇や恭順のポーズは、できるだけ実力による戦いを避け、戦闘に伴う危険を避けるために、つまり自己保存のためにとられると言われている。こういったポーズを、動物行動学者は「儀式」と呼んでいる。こういった威嚇や恭順のポーズ、つまり儀式は人間にも見られる。戦いの前の威嚇のポーズは、たとえばオール・ブラックス（ニュージーランド代表ラグビー・チーム）の戦い前の雄叫びに今も残っている。恭順のポーズは、お祈りのポーズに典型的に見られる。神前で拍手し礼をする動作は、拍手によって手に何も持っていない、とりわけ武器を持っていないことを示し、礼によって急所である首筋を相手に晒す恭順のポーズと考えられる。さまざまな災いをもたらす強大な力を持った得体の知れないもの（神）に対して、恭順の意を示すことで攻撃（災い）を思いとどまらせようというポーズである。三世紀の邪馬台国では、これが目上の人（＝優越する力を持つ人）に対する挨拶の仕方であることが、中国の歴史書『魏志倭人伝』に伝えられている。ちなみに、拍手つまり「手打ち」が戦う意思の放棄、和解のポーズであることは日本に限らず、中世フランスにも見られる。さらに握手は、世界中に普及している。では、戦いを抑制するためのこういった動物の「儀式」が、そのまま法に発展したのであろうか。

**衆人環視**

動物の儀式は、一対一の戦いにおいて力があることを相手方に対して誇示し、あるいは、恭順を示すものである。これに対して、人間の戦いの場合には、もっと複雑になる。紀元前五世紀ローマの「十二表法」という法令集には、夜に盗みに入ってきた者を捕えた場合、殺すことができるという規定がある。ただし、盗みに入られた者は殺す前に叫び声を上げて隣人たちを集めなければならない。これは、通常「叫喚告知」と言われ、歴史の中では比較的広く認められるものである。ここで盗みに入ってきた者を殺す行為は、いわゆる正当防衛ではない。すでに盗人を捕らえているので、正当防衛と言うために必要な緊急性はない。殺しは、盗みに入ったことに対する報復である。ここで重要なことは、すでに述べた再報復を避けることである。殺された盗人の親類縁者が、この殺しを不当として報復することを抑えなければならない。盗人を殺すことが正当な自力行使、つまり法だということを確認してもらうために、隣人を集め、そのことを確認してもらう。もちろん、本当は家の主人がだまし討ちをするつもりで、夜に遊びに来いと誘っておいて、盗みを口実に殺すというときは、それが明らかになれば隣人たちは殺しを承認せず、制止する。事後に盗人の親類縁者が殺人だと訴えてきた場合に、この隣人たちは証人として、殺しが正当であったことを証言する。もちろん、裁判制度ができている以上、本来ならば殺す前に裁判で承認してもらうのが正規のやり方である。しかし、夜間という緊急事態なので、正規の裁判が省略され、代わって隣人たちが承認するのである。ここで、裁判と叫喚告知により呼び出された隣人たちの共通性は、出来事を周りで見守り、それに承認を与えることである。こういう状況を衆人環視という。では環視する衆人が承認するということは、どういう意味を持つのか。

## 数の力による威嚇

　このことを、裁判、つまり国家権力がない場合、あるいはそれに頼れない場合を想定して、考えてみよう。すでに挙げた「手打ち」を例にとる。対立抗争する二当事者、たとえば暴力組織が和解しようとする場合、この二当事者だけで和解してもそれほどの意味はない。通常は、第三者が、それもできるだけ多くの第三者が立ち会う。これらの立会人たちは和解が成立したことを確認する。それだけでなく、仮に一方がこの和解を破った場合には、立会人たちもまた和解を破った者に対して敵対することになる。したがって、和解を破ろうとする者は、立会人を含めた大勢を敵に回すことを覚悟しなければならない。言い換えれば、和解に大勢が立ち会うことは、和解破棄に対する威嚇になる。動物の威嚇と対比すれば、動物の威嚇が戦闘当事者自身の実力の誇示であるのに対して、ここでの威嚇は数の力の誇示である。数の力による威嚇によって、和解破棄＝自力行使を抑制しようというのである。裁判について言えば、それは衆人環視を制度としてつくり上げたものである。問題となる案件ごとにその都度集めるのではなく、あらかじめ集まることが決まっている衆人である。

## 儀礼＝集団的コミュニケーション

　では、「手を打つ」というポーズは何のためにあるのか。ここでは、立会人たちを威嚇に巻き込むのだから、まずは立会人たちに和解が成立したことを明示的に示して承認してもらわなければならない。ここでコミュニケーションの問題が出てくる。他人に自分の考えを伝え、それを相手方が自分と同じ意味で理解するということは簡単ではない。相手方は、自分の考えに従って伝えられたことを理解する、つまり自分なりに理解する。これが、伝達者が理解していた意味と一致するということは、確実ではない。むしろ、コミュニケーションは、相互に理解のずれを生じながら行われていると言ってよい。一対一のコミュニケーションでもこのような困難を伴うのに、多数に伝え、しかもすべてに同じ意味で理解してもらうということは至難の技である。環視する衆人それぞれが、それぞれの考えに従って解釈すれば、共通の理解など考えられない。これを避けるためには、各人の勝手な解釈をできないようにできれば一番よい。そうでないとしても、解釈の余地ができるだけ少ないものであれば、共通の理解に近いものが生まれる可能性がある。ある事柄を示すのに決まった言葉を用いる、さらに言えばこれに決まった動作も加えれば、解釈の余地は少なくなる。決まった言葉や動作を用いることを約束事にして、それ以外の解釈を禁止する、あるいは、それ以外の解釈をすると不利益を受けるとすれば、完璧である。もちろん、決まった言葉を言い間違える、あるいは、決まった動作を間違えれば、それは意味がなくなる。こういう決まった言葉、決まった動作を用いる伝達手段を、社会学者は「儀礼」と言う。ちなみに、先に動物行動学者の用語として「儀式」という語を紹介したが、「儀式」も「儀礼」も英語、フランス語の rite の翻訳語であって、本来同じものである。しかし、動物行動学が一対一の関係の中で「儀式」という語を用いるのに対して、社会学者が「儀礼」という用語を用いるのは、環視する衆人の承認を獲得するためのコミュニケーションについて、すなわち一対多の関係において用いる。ここでは、衆人環視下のコミュニケーションということを強調するために、社会学者に倣って「儀礼」という言葉を用いる。とは言え、

「儀式」と言っても、「儀礼」と言っても、それが実力を用いた戦いを抑制することを目的とし、一定の言語や動作を用いる点で共通している。

## 五　儀礼と裁判

### 儀礼としての裁判

できるだけ解釈の余地を少なくして、あるいは解釈を禁止して、環視する衆人に同じ意味で理解されるようにし、それによって衆人を数の力による威嚇に動員するという点から見れば、裁判こそ儀礼である。叫喚告知が事件が起こったときに、その場限りでさしあたり可能な隣人たち（衆人）を集めるのに対して、裁判は決まった範囲の人々を、たいていは決まった場所と決まった時期に集める。その意味では、衆人環視の制度化と言える。裁判の手続きは公開されている。これは、日本国憲法にも規定がある（第八二条）。現在では、閉鎖空間である法廷に傍聴席が設けられていることによって、公開の法廷となる。しかし、古代や中世のヨーロッパにおいては、広場で裁判が行われ、誰でも傍聴することができた。このようにして衆人環視が確保された。法か不法かを判断する者（たとえば裁判官）も、通常は複数である。現在の裁判では単独の裁判官が裁判を行う場合もあるが、この場合でも下された判決に不服があれば上訴することができ、そこで複数の裁判官の判断を得ることができる。裁判官のほかに多数の陪審員がいて、この者たちが判断するという制度では、大勢で判断するということがよりいっそう確保されている。

これもまた、衆人環視に関係する。法廷での手続きは、場合によっては起立、礼、右手を挙げての宣誓、宣誓書への署名、木槌を叩く、起立して判決の言渡しを受けるといった決まった動作を伴いながら、定型的な言葉を用いて進行する。手続きについては後に詳しく説明するが、それが一つひとつ正確に行われていることを環視する衆人に明確に示すために、儀礼的に行われるのである。中でも判決の言い渡しは、実力行使に直結するものであるがゆえに、とりわけて儀礼的で、つまり解釈の余地のないものでなければならない。たとえば「被告は原告に金〇〇円を支払え」、あるいは「被告人を死刑に処す」といった決まった言葉で下される。さらに、判決を言い渡す言葉を裁判官が間違えることのないように、文書にした上で、それを読み上げる。ちなみに、識字率がきわめて低かったヨーロッパ中世において、口頭だけでなく文字にする(文書化)というのは行政や裁判の合理化にとって最も重要な手段であったが、判決を文書にして読み上げるというのは、文書化の義務の最初の一つであった。

## 裁判の基礎となる「事実」

では裁判は、何を根拠にして行われるのか。「目には目を」のルールに従って報復を求めようとする場合を例に考えてみよう。もちろん現在ならば、目を抉り取られたという不法行為に対して損害賠償を求める民事裁判と、傷害罪に対する刑事裁判が考えられるが、基本的には同一の問題がある。まず重要なことは、訴えられる加害者(民事裁判では被告、刑事裁判では被告人と言う)が加害行為を行ったという「事実」がなければならない。ここでも先に見たファースト・オーダーの観察とセカンド・オーダーの観察の区別が重要になる。報復を求めて訴える被害者(原告と言う)は、被告が加害者だと思って訴える。しかし、これはあくまでも原告が主観的にそう考えている(ファースト・オーダーの観察)だけのことで、この原告の考えは単なる思い込みであって、間違っている可能性がある(セカンド・オーダーの観察)。裁判の基礎となる「事実」は、このようなセカンド・オーダーの観察を前提にして、環視する衆人(裁判官、陪審員あるいは傍聴者)から承認を得られるものでなければならない。そうでなければ、数による威嚇は不可能である。

### 「事実」の証明

主観的な思い込み以上の、衆人による承認可能な「事実」が認められる場合としては、①まず加害の現場で取り押さえられた場合(現行犯)がある。もちろん、現行犯で捕まえたときに、そのことをあとで証言することができる目撃者が必要である。このような目撃者が実際にいなければ、先に述べた叫喚告知、叫び声を上げて人々を呼び集めることが必要になる。次に、②被告(人)が自ら加害行為を認める場合、自白の場合も同様に衆人を納得させることができる。もちろん、自白は強制されたものではなく、自発的なものでなければならない。衆人環視下(たとえば法廷)で自発的に自分の加害行為を認めた場合には、以後はもはや加害行為はなかったと言うことはできなくなる。さらに、③加害現場の目撃証人がいて、それが証言する場合が考えられる。この場合、証人が一人では、その証人の思い込みもありうるので、複数の証人がいたほうがよい。複数の証人が別々に証言をして、その証言内容にそれほどの矛盾がない場合に、それが「事実」として認められる。「旧約聖書」をはじめとして一九世紀より前のヨーロッパの刑事裁判法には、二人以上の証人がなければ有罪とすることができないと定める場合が多かった。もちろん現代の刑事裁判では、目撃証言以外のさまざまな状況証拠、たとえば被告人が血の付いた衣服を着て現場付近にいるのを目撃されたとか、凶器に指紋があったとか、あるいは現場にあった血痕のDNAが被告人のものと一致したとかといった、犯行を推測させる証拠から有罪を認めることは可能である。それにもかかわらず、多くの裁判が「自白」——もっとも、この場合の自白は衆人環視下というよりは、取調室という密室で行われるものも含むが——を頼りにしていることは、「事実」を認めることの難しさを物語っているであろう。見方を変えれば、「自白」に支えられた「事実」、つまり当事者も認めたから、それが「事実」なのだろうという決め付けに、裁判、特に刑事裁判は大きく依存しているのである。江戸時代の捕物を扱ったテレビドラマで、今の目から見ればめちゃくちゃな手続き——「遠山の金さん」は裁判官と検察官を兼ねているだけでなく、同時に証人でさえある——にもかかわらず、結局最後には下手人(犯人)がお白洲(法廷)で犯行を認めるのは、ある意味では象徴的である。あるいは、めちゃくちゃな手続きだからこそ、自白が必要だと言うこともできる。しかし、この「自白」の意味は、後にもう一度見ることにしよう。

## 「事実」をつくり上げる

以上は、過去に行われた行為(加害行為)を「事実」として認める場合の問題である。すでに見たように、これはきわめて難しい作業である。これに対して、将来に向かっては、セカンド・オーダーの観察を前提にして、別の対応が可能である。すなわち、自分だけの思い込みではなく、環視する衆人も認める「事実」をあらかじめつくっておけば、難しく言えば「構成」すれば、将来の裁判においてもこの「事実」を容易に認めさせることができる。あらかじめ環視する衆人が認める事実を構成するのであるから、ここでも儀礼が決定的に重要である。以下では、「目には目を」の例に戻って考えてみよう。

## 贖罪の儀礼

目を傷つけた加害者は被害者からの報復の可能性に怯えることになる。報復を避けるためには、自分のほうから被害者に加害行為を認めて謝罪する、もっと言えば、相手が赦してくれるように何らかの利益を供与して、相手に報復をしないと約束させることが考えられる。被害者の側でも、報復に伴う暴力の危険、あるいは、裁判に訴えても証明できない可能性を考えれば、この和解――専門用語では「贖罪」と言う――の申入れを受け入れる利益はある。和解のために加害者から被害者に与える利益は、金銭やそれと同等のもの、たとえば羊などの家畜や穀物などである。これを、贖罪金あるいは贖罪の品と言う。加害者にとっては、被害者の側が報復しないと約束し、それを厳守することが重要である。したがって、この場合にはすでに述べた「手打ち」が行われる。つまり衆人環視下で儀礼によって和解の約束をし、その衆人の数の力の威嚇によって報復しないという約束を守らせるのである。他方、加害者の側で贖罪金を直ちに払えない場合、あとで払うことを約束させて和解することもありうる。この場合には、この約束をやはり衆人環視下で儀礼として行わせ、衆人の数の力の威嚇によって守らせようとする。裁判を考えれば、被害者が裁判で報復を求めてきても、報復しないと約束したことを立会人に証言してもらうことで、加害者はこの要求を退けることができる。他方で、加害者の側で金の工面ができずに贖罪金を払えない場合に、仮に改めて被害者からの報復が認められるとすれば、加害者が衆人環視下で加害行為を認めたこと（自白）を根拠に裁判で報復を求めることは容易である。あるいは、衆人の承認の下で支払いを約束したのであるから、この金を支払わせるための実力行使（加害者の全財産を取り上げる、加害者を強制的に働かせる——もちろん、これは現代では不可能だが）を裁判で認めてもらうことも、容易である。ここでは、単なる主観的な思い込みではなく、裁判において他人からも認められる「事実」が、衆人環視下の儀礼によってつくり上げられたのである。

## 六　「自分のもの」と「他人のもの」

### 悪魔の証明

以下では、儀礼によって「事実」を構成するというメカニズムを、所有をめぐる問題、つまりある物が誰のものかを決める問題を例に考えてみよう。一七世紀の哲学者ジョン・ロックは、国家がない自然状態においても「自分のもの」と言うことができると言った。まず、肉体は「自分のもの」である。さらに、この肉体を動かすことによって、つまり労働によってつくった物も「自分のもの」である、と述べた。

この労働による所有という考え方は、有名なテーゼであり現在でもその思想的影響は大きい。この一見すると当たり前に思えることも、具体的に考えてゆくと、すぐに困った問題にぶち当たる。たとえば、木を切ってそれを木材にし、そこから箱をつくったとする。この場合、箱の製作者はその労働によって、箱の所有者となると考えられる。しかし、切った木が、実は誰か他の人が植えて育てた物であった場合はどうか。この木は、労働によって植えて育てた人のものにならないか。もしなるとすれば、箱の製作者は他人のものを加工したことになる。これは、結局他人のものを盗った、つまり他人の所有を侵すことになるのではないか。さらにこの問題を延長すれば、木を植えて育てた人は苗木を誰のものでもないと思っていたが、実はまた別の人が種を植えて芽を出した物だったとすればどうか。あるいは、誰か他の人が育てていた木から落ちた種から芽を出していた場合はどうか。この問題は、どんどん膨らませることができる。いずれにしても、ロックのように労働による所有という基準を立てても、それほど簡単に誰のものかについて決着をつけることができないということは、理解できるであろう。古代のローマ法では、したがって、所有をめぐる証明の問題は難しいので、「悪魔の証明」と言った。

## 早い者勝ち？

ロックの労働による所有の考え方は、古代ローマ法以来法学で議論されてきた、「無主物先占」の一変種と考えることができる。「無主物先占」は今の民法にも規定されている（民法二四一条）が、誰のものでもない物（無主物）は先に占有した者が所有者になるというものである。占有という概念は難しいが、典型例を挙げれば誰のものでもない野生の動物を狩で獲った者は、この獲物を自分のものにすることができるということである。しかし、たとえば、飛んでいる鳥を弓矢で打ち落とした場合、自分の矢が当たったと思い込んでこの鳥を持ち去れば、あとで争いの種になる。他人の矢が当たった可能性もあるからである。ここでも、セカンド・オーダーの観察が必要である。あとで争いになることを避けようとするならば、矢が当たって落ちている鳥を発見した場合、黙って持ち去ってはならない。まず、周囲にいる人を呼び集めて、この鳥に自分の矢が命中して落ちた、したがって自分のものになると宣言する。その上で、集まった人々に異議がないかを確認する。異議があれば、その異議申立人との間でどちらの矢が命中したか決着をつけなければならない。誰も異議を申し立てなければ、この集まった人々の間では自分のものだということが確定する。もちろん、ここに集まっていない第三者の矢が命中している可能性はある。しかし、あとで異議申立人が出てくれば、改めてそこで決着をつけることにして、さしあたりは今集まっている人々の間では決着をつけられる。

## 「平穏かつ公然」

ここで重要なことは、異議申立ての機会を与えたということである。これは、現代の民法でも残っていて、「平穏かつ公然に占有を始める」（民法一六二条、一九二条）という。「平穏」とは、脅しや暴力行為で自分のものにしないということである。脅しや暴力行為は異議申立てをさせないためのものであり、これを排除することで、安心して異議申立てをすることができる。同様に、「公然」とは、こっそりと自分のものにしないということである。こっそりと持ち去れば、異議申立てのしようがない。したがって、自分のものにしようと思う者は、他の者に異議申立ての機会を与える必要がある。そして、異議がなければ、そのことを周りの人々に認めてもらう。異議があったら、自分の矢が命中したことを証明することによって、それを打ち破る、あるいは、それができなければ異議申立てを受け入れるか、それとも何らかの妥協をし、これを周りの人々に認めてもらう。以上の過程で最も重要なことは、異議申立ての機会を与えたという「事実」であり、そのことを周りの人々、環視する衆人に承認してもらうことである。だから、異議申立ての機会を与える行為自体も、儀礼として行われるのが最善である。たとえば、自分のものだと主張する者は、叫喚告知をし、その上で集まった人々に対してその物が自分の矢が命中したから自分のものだと大声で叫ぶといった行為を行う。あるいは、その物を自分の手でつかんでこのような宣言をすれば、もっと明確になる。前に触れたロックの例で言えば、木の加工者は加工する前に、少なくとも近隣の人々を集めて、この木は誰のものでもないので、この木を加工して自分のものにすると宣言して、異議申立ての機会を与えるべきだったのである。

### 自分の物は自分のもの？

以上は、誰のものでもない物を自分のものにする問題であったが、しかしもっと考えなければならないのは、最初から自分のものであったことを証明することである。誰のものでもないものを自分のものにする場合には、前に述べたような儀礼によって衆人に自分のものと確認してもらう手続きがある。しかし、たとえばある土地が親のものであって、その後相続し持ち続けたという場合、あるいは、自分の家で生まれ育った牛や馬の場合に、どうやって自分のものだと証明することができるのか。これらの物を他人から譲り受けた場合には、次に述べるように儀礼による証明手段がある。しかし、もともと自分のものであれば、儀礼を行う機会はない。「ハムラビ法典」には、物を譲り受ける場合(たとえば売買)について、市場等の公開の場で譲り渡されたのでなければ、盗まれたものとして扱うと規定していた。後に見るように、古代ローマ法にもこれと類似の制度がある。これによれば、たとえば、ある物の譲渡が譲り渡し人と譲り受け人の二人きりで行われ、あとで譲り渡し人が今譲り受け人が持っている物は自分のもので、譲り受け人が自分のところから盗んだと訴えれば、その訴えが認められるということになる。なんとも奇妙な規定であるが、自分のものの証明の困難さを考えれば、理解できないことではない。盗まれたと訴える側(原告)も、当然訴えた物が自分のものだと証明しなければならない。自分自身も誰か他の人から公開の市場で譲り受けていた場合には、そこに立ち会った者に証言してもらえば、自分のものだということが証明できる。しかし、もともと自分のものだったという場合にはどうか。譲り渡した物に個性があれば――たとえば牛や馬は一頭一頭識別できる――、その物がずっと原告の下にあったということを近隣の人々に証明してもらうことが可能である。あの馬はあの人のものだということを近隣の人が知っているからである。これが可能なのは、小さな社会で、住民がお互いに顔見知りの場合である。いずれにしても、ある物が「自分のものである」ということは、近隣の人々の「その人のものだ」という確信に依存している。この近隣の人々の確信がある限り、自分のものが盗まれたとか、傷つけられたとかと主張して訴えることができる。

## 「買った」のか「盗んだ」のか

こういう近隣の人々の確信に支えられた物が譲渡された場合には、どうなるか。ここで非常に困難な問題が生ずる。この確信は、ある意味では邪魔になる。近隣の人々の確信は、あくまでも譲り受け人のものではなく、譲り渡し人のものだということである。しかし、どんな方式であれ、譲り渡しがあれば譲り受け人のものになるというのでは、「自分のものである」ということを支える近隣の人々の確信そのものが機能しなくなる。物を現在所持している人が、「いやこれは買ったものだ」と言えば近隣の人々の確信に基づく訴えを退けることができるからである。「自分のものである」を支える確信を機能させたままで、それにもかかわらず、譲り渡しを可能にする技術が開発されなければならない。近隣の人々の確信を「譲り渡し人のもの」から「譲り受け人のもの」へと変えることができれば、それは可能になる。そのために、近隣の人々を集めて、その人たちの前で譲り渡しの行為を行う。そこで「譲り渡し人のもの」という確信を消滅させて、「譲り受け人のもの」という確信を構成するのである。これも言うまでもなく、衆人環視の状態をつくり出して、その衆人に承認させる行為であり、もちろん儀礼が決定的な意味を持つ。この儀礼については、後にもう一度見ることにする。「ハムラビ法典」の規定に戻れば、公開の市場で行われるというのは、衆人環視下の行為ということである。公開の市場で行われない場合は、盗みとして扱うということは、「自分のもの」を支える近隣の人々の確信の機能を維持するためである。「買った」

と言うためには、公開の市場で、つまり人々の確信が形成される場で行わなければならない。そうでなければ、すべて「盗んだ」ことになる。これは、きわめて技術的であり、このような技術がなければ「自分のもの」を保護した上で、それを譲り渡すことは可能にならない。

### 譲り渡しの儀礼

「ハムラビ法典」には、譲り渡しの儀礼の規定は残っていないようであるが、古代ローマにはその記録がある。それによれば、複数の決まった数の人々を立ち合わせた上で、それらの人々を前にして譲り受け人が譲渡物を手でつかんで、「この物が私のものであると主張する」と言う。これに対して、譲り渡し人は黙っているだけである。この場合、「主張する」というのは、もちろん、自分の言い分を言っているという意味であって、断言しているわけではない。したがって、当然相手方（譲り渡し人）にも言い分「いや、それは貴方のものではなく、私のものだ」という主張が可能であることを前提にしている。しかし、実際には譲り渡し人は、本来自分のものであるにもかかわらず、自分の言い分を主張することなく黙っている。つまり、相手方は異議申立ての機会を与えられたにもかかわらず、異議申立てをせず、相手の主張を認めたのである。これは、すでに見た「自白」と同じ構造である。これを、立ち会った人々が確認する。こうすることによって、以後は少なくとも立ち会った人々の間では、この物が「譲り渡し人のもの」ではなく、「譲り受け人のものである」という確信が形成される。六の最初に戻れば、このような儀礼によって、「譲り受け人のものである」という事実は、構成されるのである。それは、基本的には、衆人環視下で、関係する人々の間で、異議申立ての機会を保障してある主張がなされ、これに対して異議申立てが行われないことによって、環視する衆人がこの主張を「事実」として承認する、という構造である。もちろん、この場合主張は、相手方だけでなく環視する衆人にも向かって行うものなので、儀礼でなければならない。こういう構造を、現代の法学では「手続き」と言い、現代法の中心的な概念となっている。

## 七　儀礼と手続き

### 儀礼と現代

すでに述べたように、衆人環視下の儀礼が制度化されたものが裁判である。その裁判の基礎になる「事実」としても、衆人環視下の儀礼によってつくり上げられたものが重要である。こうした事態を観察したフランスのローマ法学者は、「儀礼が法をつくる」という言葉を残した。もちろん、現在の法においては、それほど儀礼は目立たない。しかし、「自分のもの」、専門用語を使えば所有権を最終的に支えているのは、すでに見た「平穏かつ公然」に自分のものにしたということである。これだけさまざまな技術が発達した現代においても、所有権が誰にあるかを決めることは依然として難しい。不動産であれば、平穏かつ公然と自分のものとして長期間（一〇年または二〇年間）持ち続けることによって、最終的に誰にも文句を言われない所有権を獲得できる。これは、本当は別に所有者がいたかもしれないが、その者が長期間自分のものだと異議申立てをしなかったということによって、長期間の保持者の所有物として扱う（これを時効と言う）、というものである。ここでも、異議申立ての機会を与えて、しかし異議申立てがなかったという図式が成り立つ。もちろん、現在では「平穏かつ公然」というのは、かつてのように特別の儀礼によって確保される必要はなく、普通に売買によって購入し、引渡しを受け、普通に利用していれば認められる。ちなみに、不動産の売買では、契約に不動産業者が関係していれば、契約証書を作成しなければならない。ヨーロッパ大陸諸国では、あとで述べる公証人の前で契約し、証書を作成しなければならない。さらに、売買など譲り渡しを行った場合には、決まった形式の書面を作成して申請し、登記簿（国家によって土地の区画ごとにつくられた記録簿）に登記しなければならない。関係者は登記簿を見ることができる。注意深い所有者なら、自分の不動産がどうなっているか、登記簿を確認し、あるいは、不動産の利用状況を確認する。そこで、登記簿が他人名義になっているとか、知らない人が利用しているという異常を発見すれば、それに対する異議を裁判所に申し立てればよい。そうすることによって、時効を妨げることができる。異議申立ての機会を与え、異議申立てがないときには、それが裁判の基礎となる確定的な「事実」となるという図式がここでも当てはまるのである。

## 儀礼の柔軟化

次に、現代では儀礼的要素がほとんど見られなくなったものとして、契約を見てゆこう。契約の儀礼について、歴史的に最も一般的に見られたのは、法廷において締結された約束だけが裁判に訴えることができる契約となる、というルールである。法廷という衆人環視下で、金銭の貸し借りであれば、貸す側（債権者）が借りる側に対して「金〇〇円を支払う義務がある」と訴え、借りる側がそれを認めることで、つまり「自白」することで契約が成立した。訴訟の形式を利用して契約を締結したのである。その後、この形式は、たとえば、正式の法廷ではなく、それに機能的に代替する裁判官の前で締結する、あるいは書記官の前で締結して書面化するというように簡略化されて続いた。現在のわが国でも、公証人という裁判官や検察官経験者である特別の公務員の前で契約を締結して書面化するという形で残っている。この場合も環視する衆人、または、その機能を代替する公職者の前で契約を締結し、それを衆人が承認するという形式は維持されている。ここで共通するのは、環視する衆人による承認が目に見える形で行われている、ということである。これに対して環視する衆人による承認の大きな変化は、古代ローマで起こった。紀元前三世紀頃から生じたこの変化は、儀礼による約束がない場合でも、一定のカタ（型）にはまった取引の合意があれば、それを契約として裁判所に訴えられるというものであった。たとえば、一方が物を与え、他方が金銭を支払う（売買）、あるいは、一方が家を建てるなどの仕事をし、他方がそれに対して報酬を支払う（請負）、あるいは、一方が自分のものを利用させ、他方がそれに利用料を払う（賃貸借）といった合意である。これは、裁判に訴えることができる合意のカタをあらかじめ承認しておいて、裁判になったらこのカタにはまっているかどうかを審査し、カタにはまっていれば訴えを認めるというものである。環視する衆人による承認という観点から言えば、あらかじめ法律（これは国民全体あるいはその代表者が定めるという意味で、衆人環視の制度化）によって、一定のカタの合意について訴えが可能と承認しておく場合がある。あるいは、裁判に権限を持つ公職者が、一定のカタの合意について裁判を認めたいとあらかじめ提案しておき、国民がこれに自発的に従うことによって、全体的な承認が慣行を通じて形成されるという場合もある。儀礼的行為との対比で言えば、儀礼的行為が行為のたびにその都度環視する衆人の承認を調達していたのに対して、カタによる承認はその都度ではない、あらかじめ行う一括した承認と言うことができる。しかし、環視する衆人による承認という点では変わりはない。

**意思主義**

現代の契約法の原則は、契約自由である。前に述べたカタにはまった取引についての合意でなくても、契約として裁判に訴えることができる。これを支える基本的な考え方は、当事者の意思が求めることを法は実現する、したがって、当事者の意思こそが契約の拘束力の根拠だということである（意思主義）。しかし、意思は言うまでもなく見ることのできないものである。あるいは、意思は移ろいやすいものである。「そんなつもりはなかった」とか、「気が変わった」ということは、日常茶飯事である。こんな当てにならないものをどうして現代の契約法は、基礎に据えたのか。人間は本来自らが義務を負うと欲したことについてだけ義務を負うのであって、望まないのに義務を押し付けられてはならないという個人主義哲学は、当然の前提である。しかし、法学特有の問題として見れば、意思に根拠を求めたということは、すでに述べたカタの強制の撤廃である。カタにはまらなくても、当事者の意思が求めている以上は契約として効力を認めてよい、という考えである。しかし、こう言った途端に問題が生ずる。ではいったい意思は、どうやって観察できるのか。目に見えない、移ろいやすい意思を、セカンド・オーダーの観察に耐えうるものとして確認できるのか。目に見えない意思は、自白でもない限りは、周囲の状況から推測するしかない。その場合出発点は、従来伝統的に認められてきたカタに当てはまる取引があれば、契約する意思があるだろうという推定である。伝統的なカタ（売買、賃貸借、請負など）が金銭や物やサービスの交換といったものなので、経済的合理性の面からもこういったカタにはまれば、意思があるだろうという推定は合理的である。カタにはまらない場合は、行われた取引が伝来のカタに似ているかどうか、同じように考えてよいかによって判断する。したがって、カタから観察することは止められない。意思を契約の根拠に据えることによって撤廃されたのは、カタそのものではなく、カタの強制だったのである。

**反証・反論の機会**

契約の根拠に意思を据えたことのもう一つ重要な結果は、証明の手段が自由になったということである。すでに述べたように、意思の存在は周囲の状況から推測するしかない。意思が推測できる限り、原則としてすべての手段が推測の手段となりうる。契約書がなくても、たまたま居合わせた証人が証言してもよい。あるいは、契約成立のお祝いを大々的に行ったという状況から、契約の成立を認めた場合もある。もっとも、推測の手段（＝証拠）が自由になったということは、たとえば契約証書が証拠として特別の重要性を持つということを排除するものではない。証拠の自由は、他方で別の手段によって補完されなければならない。たとえば証言を例にとると、それは当然のことながら、たいていは証人の一面的な思い込みの表明に過ぎない。また、証人に証言が依頼されるのは一方の当事者、たとえば原告に有利なことを言ってくれるからである。そうだとすれば、証言はそれだけではきわめてあやふやな証拠に過ぎず、裁判はそのままでは証言に依拠することができない。フランスやイギリスおよびアメリカなどでは、金を払って自己に有利な証言をさせ（職業になれば「証人屋」）、それによって判決を騙し取る詐欺を防止するために、一定の重要な契約については証書がなければ証明できないと法律で定め、それは現在でも基本的に維持されている。では証言を禁止しない場合はどうするか。証人を依頼した当事者に敵対する相手方に反対尋問権を認める。自己に不利な証言を行った証人に対して質問をし、その証言を覆す、あるいは、その証言の信憑性に疑いを持たせるような発言を引き出す機会を与える。さらに、反対の証言をする証人を出すことも、もちろん可能である。要するに反論・反証の機会を保障するのである。こうした手続きを踏むことによって、証言というあやふやなものをかろうじて裁判の根拠にすることができるのである。

**異議申し立ての機会**

仮に契約の成立を証明したとしても、それだけで売買契約の買主に対して代金支払い義務を認めるわけではない。買主の不満は、通常は売られた物に対して価格が高すぎるということである。しかし、裁判所は「高すぎる」ということを理由として買主の異議を認めない。高いか安いかは主観的な評価であり、ファースト・オーダーの観察である。この主観的評価が間違っているかもしれないというセカンド・オーダーの観察が必要である。ここでも、手続きが重要になる。契約の根拠を当事者の意思に据えたことによって、意思が適正に形成されたかという問題が立てられる。まず、買主が未成年者や高齢の認知症などで判断能力が十分でなかったという場合がありうる。あるいは、売主が商品について間違った情報を流し、または、誤解を招く情報を流して、その結果買主が勘違いした場合もある(「錯誤」)。あるいは、売主が意図的に誤った情報を流した場合(「詐欺」)や、脅して契約を結ばせた場合もありうる(「強迫」)。さらには、以上に当てはまらない場合でも、買主の経験不足や困窮した状況に付け込んで売主に一方的に有利な契約を結んだという場合もある。また、訪問販売やキャッチセールスのように、買う気構えができていない(買いモードになっていない)者に、不意打ちを食らわせ、十分に考えないうちに買うことにしてしまうという場合もある。これらの場合に、買主は異議申立てをし、異議が認められれば契約を履行する義務、つまり代金を支払う義務はなくなる。ここでは、意思の適正な形成という観点から、実際には当事者の契約締結の手続きが適正であったかを審査しているのである。そして、こうした審査に耐え抜いた契約だけが、有効なものとして強制可能になるのである。

## 八　手続きによる正統化

裁判は、財産の強制的な取り上げ、殺人、監禁といった普通ならば犯罪として禁止されている実力行使を許可するものである。これが可能なのは、憲法をはじめとした法律、したがって国民全体がそのような権能を承認しているからである。しかし、すでに見たように、裁判の一つひとつの過程でも、このような承認を獲得するための仕組みがつくられている。これを手続きと言うならば、裁判は手続きを経ることによって正統化されるのである。「正当化」ではない。「正当」かどうかは、結局主観的な判断の問題である。負けた当事者にとっては、判決は常に「不当」である。建前の上で国民によって承認される、その仕組みに乗っかっているという意味で「正統」であるに過ぎない。これによってわれわれは、実力行使の暴走＝暴力を何とか抑制してきたのである。

# 教養としての発信力
## ――リテラシーの「カタ」

石井　紫郎

### 一　「教養」と発信力

教養とは知識の寄せ集めではない、ということは誰もが言う。しかし、それでは何が教養かとなると、答えは千差万別である。だが、「教養がある人」か「教養がない人」か、を判断することは、それほど難しくない。ほとんどの人が直感的にこの見分けをしているはずである。その基準は何か？　おそらく、話したり書いたり、という「発信」の内容が最も重要な決め手であろう。

「発信」には、絵画、音楽、舞踊、等々、言語以外の伝達手段によるものもあるが、これらは、受け手の「感性」に訴えかけ、感動を与える。これに対して、言語による「発信」は、受け手の「知性」に訴えかける。もちろん、実際に行われている諸々の「発信」を、この二つに截然と区別するのは乱暴な話であろう。言語を用いて「感性」に訴えようとする「発信」はいくらでもあるし、稀ではあるが、言語以外の媒体による「発信」が「知性」に訴え、「教養」を感じさせる例もある。その意味で、この区別は理念型的区別だと考えるべきであろう。

だが、次のような指摘が当たっているとしたら、事は重大である。

「ここ何十年かで日本人はものを考える代わりに感じるようになった。水から空気までのすべてが商品化し、人は感性で、つまり一瞬の好き嫌いの判断で、それを選ぶ。それを促がすための滑らかで詐欺的なことば遣いが日本語の最も日常的な用途である」(池澤夏樹『虹の彼方に』より)。

これは、コマーシャル・メッセージそのもののことを語った文章ではない。政治的選択から地球の未来予測まで、「すべて」の問題を「一瞬の好き嫌いで判断」すること、「知性」ではなく「感性」で捉えるようになったという、「ものを考える」力の後退、衰退の問題である。これは、前述の理念型的区別の崩壊を意味している。

それでは、日本の社会が「教養」を——何が「教養」かは別として——無用なものと考えるようになっているか、と言えば、そうではあるまい。「東大法学部卒は教養がない」という立花隆の言(『東大生はバカになったか』第二章)は、本来一流大学卒業者には「教養」がなくてはならない、という社会的常識がまだ存在していることを逆説的に物語っている。「教養」はいろいろ難癖をつけられてはいるが、やはり人間にとって必要な、一つの重要な価値であることに変わりはないのである。

ここで原点に戻ろう。「教養がある人」と「教養がない人」の違いは、「発信」の内容に関わるという、冒頭に述べた点である。「教養」は、しかと定義することは難しいが、発信力と相関性を持つものであることは間違いないであろう。もっとも、寡黙な教養人もいないわけではなかろう。発信力は確かに単なる「量」の問題ではない。だが、「量」は多くはなくとも、「知性」に訴えかける何ものかがきちんと人に伝わってこそ「教養」が感じられるのではなかろうか。つまり、発信は不可欠なのだが、重要なのはその「量」ではなくて、「質」なのだ。

発信の「質」はもちろん、そのコンテンツの「質」の問題である。しかし、そのコンテンツは《言いたいことの中身》だけではない。日本の知的風土を西欧のそれと異なる特徴・問題点を論じた丸山眞男の『日本の思想』が一世を風靡したのには、「タコツボ型」・「ササラ型」という比喩の見事さとそれを駆使した明快な論理構成が大きく働いている。《西欧で発達した学問を、それが専門分化を深めた一九世紀の後半になって初めて本格的に受け入れ始めた日本では、細分化した専門分野のことだけに関心を集中し、隣接分野とのつながりに目を向けない傾向がある》ということを、ただズラズラと書き連ねたのなら、あの丸山の著書は、単なる一冊の「岩波新書」に過ぎなかったであろう。それが高校の「国語」の教科書に採用されたのは、《言いたいことの中身》とそれを的確に、しかも印象深く伝える表現力が総合された「発信力」が抜群に優れていたからに違いない。

以下では、ある一つの主題について論じたものではあるが、目的に応じて異なる形をとった、筆者自身の三種類の文章に即しながら、「発信力」とは何かを具体的に示してみたい。念のため申し添えると、これらを取り上げたのは、「発信力」のお手本にしてほしいと考えたからではない。「教養としての発信力」

のお手本としてなら、ほかにいくらでもある。だが、ある特定の聴き手のためのスピーチを構想し草稿を書き上げ、それに基づいて最終的にどのようなパフォーマンスが行われたか、というプロセスの軌跡を示すことは、ケース・スタディーの素材として意味があると考え、あえて自作を用いたのである。

## 二　コメンスメント・スピーチ

コメンスメント・スピーチとは、卒業式に来賓として招かれて行うスピーチ（講演）のことである。日本の卒業式では、学長・校長の式辞のほかに来賓講演があるのは比較的稀であり、仮にあってもほんの簡単な、しかし場合によると無内容で、自分の自慢話がだらだらと続く、お偉いさんの「祝辞」が添えられる程度であろう。しかし欧米の大学の卒業式では、知識人（仮に政治家であっても「知性」のある人）のスピーチがあるのがむしろ通例である。逆に言えば、これに招待されることは大変名誉なことだとされている。

東京大学でも二〇〇一年までは総長式辞だけであったが、二〇〇二年からコメンスメント・スピーチが始まった。東京大学の卒業式は、本郷キャンパスの中央に聳える「大講堂」（通称「安田講堂」）で行われるが、その席数は一二〇〇余であって、現在では三〇〇〇名を超える卒業生を一度に収容することは到底無理である。そこで苦肉の策で「文科系」と「理科系」の二組に分けて、二部制で行うこととし、総長だけが双方に出席して、卒業生総代に卒業証書を授与し、式辞を読む習わしとなっている。学部長はもちろん、文系・理系で二手に分かれるが、コメンスメント・スピーチをするゲストも文・理別々である。一方のゲストが外国人、他方が日本人で、毎年文・理でこれが入れ替わる。文章Cの導入部で、「昨年は理科系の方の卒業式のときに、小柴先生が……」という一節があるのは、二〇〇二年の理科系の式典のゲストが、その年の秋ノーベル物理学賞を受賞された同教授であったからである（ちなみに、それ以後現在に至るまで歴代のコメント・スピーチは東京大学のホームページで見ることができる）。

私がゲストに招かれたのは、二〇〇三年の文科系の式典であった。前年は理科系のほうは前述のように理科系が日本人（小柴昌俊教授）であって、文科系は英国の大学の学長であったから、文科系のスピーチに招かれたのは日本人では私が史上初めてであったこともあり、かなり緊張し、慎重に準備をしてこれに望んだ。

まず、何をスピーチの主題にするかを考えたが、結局、東大の文科系諸学部の卒業生は、日本の社会システム（政治、行政、経済、財政等々のシステム）の中で重要な役割を果たすことが期待される人たちであるので、その問題に焦点を合わせることにした。ただ、それを一般的に論じるだけでは、単なるお説教に終わってしまう。何か具体的な例に即して論じなければならない。しかし、それについてはほぼ自動的に答えが出た。自分の専門である法学が対象とする法システムを具体例として取り上げることにしたのである。

全体の筋書きとしては、社会システムとは何か、近代社会の中で諸々のシステムがどのように機能し、社会の発展に寄与してきたか、をまず論じ、さらに現在、それがどのような問題に直面しているか、社会システムの担い手たちの課題は何か、を指摘して、はなむけのことばとする、というように構想した。ただ、現代の社会システムを襲う試練としてどのような例を挙げるか、についてはいささか迷ったところだが、結局私自身が、この卒業式の直前まで政府の総合科学技術会議の常勤議員を務めていた経験を生かして、科学技術に着目することにした。

文章A「社会システムの『自己塑性』のために」は、この構想をスピーチの原稿の形にまとめたものである（日付は卒業式のそれ）。できあがったのは、式の数日前であった。

同じタイトルの文章Bは、聴衆（卒業生とその家族）に当日配布したAの要旨である。式の二、三日前に大学事務局に送ったと記憶している。当今、通常の講演会の場合はパワーポイントなどで要旨を映写するが、式典にそれはふさわしくないので、このような形にしたのである。コピー・配布に手間がかからないように、A4判一枚にまとめた。

文章Cは、実際に行ったスピーチを録音から起こしたもので、東京大学の『学内広報』（二〇〇三年四月二三日付）に掲載された。文章Aと比べてみると、卒業生へのお祝いのことば等のイントロダクションはもちろん、随所にアドリブも入っている。Aが書きことばであるのに対して、当然のことながらCは話しことば、しかも式典でのスピーチという性格から、かなり丁寧なことば遣いをしているので、Cの字数はAの三倍近くになっている。

実を言えば、Aは、私に与えられた時間（四〇分程度、多少の超過は可という指示であった）内に、実際に話せる分量（一分当たり二〇〇字程度）の見当をつけ、そこから逆算して原稿の長さを割り出して、Aを書いたのである。ただ実際には、スピーチの最中に時計を見たら時間が延びそうだったので、終わりに近い部分は多少端折らざるを得なかったが、結果としてはほぼ与えられた時間内に収まったと記憶している。

時間を厳格に守ることを優先させれば、原稿を読み上げるだけでよいように、一字一句に至るまで完璧な原稿をつくるべきであろう。式辞などについてはそうでなければいけないし、実際東京大学の入学式・卒業式の総長式辞は、巻紙に認めた完全原稿を読み上げる仕来りで、創立以来一三〇年間その巻紙はすべて保存されている。

しかし私は、コメンスメント・スピーチは式辞とやや性格が異なると考えた。文科系と理科系で別のゲストが招待されているのであるから、私の役目は卒業していく学生諸君に、スピーカーとして招待された者の専門に裏づけられた知的な、しかし個性的なメッセージを発することではないか。

こう考えた上で、私が選んだ原稿のカタは、長年私がこの道のプロフェッショナルとして行ってきた講義のノートのそれであった。講義ノートは、講義すべき内容を漏れなく盛り込むものでなければならないのはもちろんだが、学生によく理解させるためには、その内容が論理的に整理・構成されたものでなければならない。しかし、聴き手の緊張をあまりに長い時間持続させることは適当ではない。また抽象的なことばかりでは理解されにくいから、具体的な、あるいは身近な例を引いて、説明することも求められる。たまには「脱線」も必要である。

このようなことを考えながら講義ノートを三〇年間つくり続けてきた私が選んだのが、まさにこのカタだったのである。具体例については項目だけノートの端にメモしておけばよい。具体例を挙げながらの説明は、聴き手の反応を見ながら中身を調節するのが効果的であることは長年の経験でわかっていた。科学システムのパラダイムの説明にアーサー・コンバーグのことばを使い、さらにノーベル賞受賞者選定の基本的考え方を紹介することはあらかじめ想定していたが、あえて原稿(文章A)にも書かず、したがって要旨(文章C)にも書いていないのは、聴き手の顔を見ながら「脱線」して見せる手法を選んだからである。

ところが、この予定の「脱線」は、その場で予定せざる「脱線」を引き出した。田中耕一氏における科学のシステムと技術のシステム間の移動にまで、話が思わず展開していったのである。これが最後に時間に追われることになった最大の原因であった。こうした失敗も、講義の場合は教育的効果を上げることが多く、遅れは次回で取り戻せるのだが、やはり式典においては許されないことであったと反省している。とはいえ、逆に原稿の棒読みは、いくら式典の場合でも、面白みがなく聴き手もしらけやすい。原稿なしの予定の「脱線」を、節度をもって挟み込むのがあるべき姿であろう。

以上、同一の主題を扱いながら、目的を異にする、A、B、C、三つの文章の成り立ちと特徴について述べてきた。Aはコメンスメント・スピーチの原稿、それもただ読み上げるだけの原稿ではなく、厳粛な式典におけるスピーチとしての節度を保ちつつも、聴き手の反応を感じ取りながら、「脱線」も含めて適度にアドリブを入れる可能性を内包する原稿である。Bは、Aの作成後、聴き手の理解を助ける目的で、しかし印刷・配布の都合を考慮してＡ４一枚に収めるため、ぎりぎりに内容を切り詰めた「要旨」である。そして、Ｃは、そういう準備をした上で行ったスピーチが実際にどのようなパフォーマンスとなったかを示す記録である。

繰り返しになるが、これらは「お手本」としてではなく、きちんと準備された「構成」と「即興性」の両者を兼ね備えた発信の必要性を訴える手段として、掲げたものである。国際化時代に、日本人が「エコノミック・アニマル」から脱皮して、「教養」ある国民としてプレゼンスを高めていくための一助になれば、と念願しつつ。

＊

# 社会システムの「自己塑成」のために

二〇〇三年三月二十七日
石井　紫郎

**【文章A】**

複雑で見通しがきかない現代においても、程度の差はあれ、それなりの迅速性・的確性をもって社会の諸活動はなされている。われわれ一人ひとりも、周囲や未来についてわずかしか情報や知見をもっていないにもかかわらず、不安に押しつぶされることなく生きている。

それが可能なのは、社会が、複雑性・不確定性に満ちた現実を、ある意味で単純化し、予測可能なものへと変換する仕組みをもっているからである。その仕組みはシステムと呼ばれる。近代社会は、いろいろな分野について、それぞれ独自のシステム（法、経済、政治、教育、科学、等々のシステム）を形成し、その組み合わせによって社会構造全体を組み上げてきた。

大事なことは、これらのシステムは相互に関連するものではあるが、さしあたりは一応独立に作動するもの、ということである。法システムを例にとれば、有罪・無罪、違法・合法を判定する基準とそれを判断する手続に関する準則に則って犯罪や紛争を処理すべきであり、それと異なる基準（例えば、人情、

「政治的判断」）やプロセス（例えば、「党」の意見をきく）を加えることは許されない。こうした近代的システムの（システム自身に内在する準則にのみ準拠して作動するという）特性を「自己準拠性」という。

この「自己準拠性」は、複雑な問題の処理に際して、その中から、システムの視点から見て有意味な事柄だけを取り出し、いわば単純化・単一次元化して結論を見出すことを意味するから、効率的であり、（そのシステムが社会的に認知されている限り）結論の正当性への信頼を得られやすい。しかも、将来において生じる問題の処理方法とその結論についての予測も立ちやすい。これが近代的諸システムのメリットであり、これによって人間社会は近代に入ってから飛躍的な発展を遂げた。

しかし、これらのメリットはあくまでも「一応」のものであって、結論の実質的妥当性をめぐっては、この「自己準拠性」は外界との間で常に緊張関係に立つ（例えば、「血も涙もない判決」、「死刑にしてほしかった」、という批判！）。しかし、この緊張に負けて「自己準拠性」を放棄するのは、システムの自己崩壊であり、効率的社会運営の場からの撤退を意味する。システムがそれを回避し、自己の社会的地位を維持するためには、この緊張関係にうち克って「自己準拠性」を標榜し続けなければならない。それは、（実質的妥当性を欠く結論を導き出さざるを得なかった）自己の欠陥を「自己準拠性」によりつつ、妥当な結論が導き出せるように、しかし、自己のアイデンティティーを維持しつつ修正していく、持続的な「自己塑成」の営みである。

複雑・不透明・不確実な現代、特に、超高度化した科学技術が支配する二一世紀において、諸システムは、この「自己塑成」を持続していけるか、未曾有の試練に立たされる。私の専門の法システムを例にとれば、そのアイデンティティーの基本を支えるのは、〈0―1〉の二分法コードである。裁判は、ｘｘの要件が具備されれば、ｘｘの効果が生じる、という形をとる法的命題を前提に、その要件に該当する事実の有無という〈0―1〉コードに従って行われる。事実の有無がわからない場合に〈0―1〉どちらにするかも、挙証責任の分配等の法則によって一義的に決まっている。

しかし科学技術の発展は、将来それがもたらすもの（例えば「危険」）についての予測の困難性を飛躍的に大きくする。不法行為法はこれまで故意・過失の有無という二分法で問題を処理してきた。過失でいえば、行為時に（不法な）結果が生じる「危険」を、「経験則」上予見できたか否か、の二分法が適用される。しかし、高度先進的な科学技術の場合、それに伴う危険の予見可能性は限られており、後に問題が起きたときに過失責任を問いにくいことにもなる。しからば無過失責任に接近するか？　それはそれで、逆に科学技術の発展に無用のブレーキをかけるおそれを伴う。

生命科学を例にとると、人類は今や、遺伝子の解読という形で、我と我が身の設計図をほとんど手に入れつつある。しかもこの設計図は、通常の人工物の設計図と違って、自ら施工する能力を備えたものであるから、設計図の変更つまり遺伝子操作は、そのまま人間の改造に結びつく、ということをわきまえておかなければならない。このことを、ドイツの思想家ノルベルト・ボルツは「人間は、今や、創造者であるとともに、原料である」と表現している。しかし、その安全性となると誰にもわからない。やってみてからでないと何が起きるかわからない、という危険をどう扱うか、動物実験では確かめ切れないものだけに深刻である。

要するに、法システムは、依るべき「経験則」がない世界は苦手なのだが、かと言って逃げれば、社会を支えるシステムとしての自殺行為である。どうしたらよいか。法学者の一人として、私なりの考えがないわけではないが、ここはそれを語る場ではない。

もっぱら私の専門に引き寄せて、法システムのことについて論じてきたが、二一世紀には、同じようなことは、どのシステムについても、程度や態様の違いこそあれ、起きてくるに違いない。経済、特に財政システムは、まさに「デフレ」をめぐって「自己準拠性」が根底から揺らいでいるように見える。「政治主導」と「政治家主導」の区別がつかなくなっている政治システムも同様である。教育も然り。しかし最も私が憂いているのは「大学」というシステムの「自己準拠性」が大きく揺さぶられていることである。

最初に述べたとおり、各システムの「自己準拠性」はこれまでも周囲と緊張関係に立っていたし、その中でシステムは「自己塑成」を続けてきた。しかし、今や、在来の手法だけでそれが引き続き可能だとは思われない。各システムが前提してきたパラダイム自体が揺らいでいるのではないか。例えば、よく言われることだが、もはや「環境問題」抜きで経済システムを語れない時代なのである。ことばの真の意味におけるラディカルな発想転換が求められるであろう。その担い手は皆さんである。社会に出る人も、大学にとどまる人も、それぞれが関わるシステムの「自己塑成」という永遠の営み、しかし、今や未曾有の困難に直面している営みを背負っていっていただかなければならないのである。

**【文章B】**

複雑・不確実・不透明な現実にもかかわらず、社会がそれなりの迅速性・的確性をもって動いているのは、種々の社会システムをもっているからである。近代社会は、いろいろな分野について、それぞれ独自のシステム（法、経済、政治、教育、科学、等々のシステム）を形成し、その組み合わせによって社会構造全体を組み上げてきた。

これらのシステムは相互に関連するものではあるが、さしあたりは一応独立に作動する。法システムを例にとれば、合法・違法を判断する基準と手続に関する準則に則って問題を処理すべきものである。こうした近代的システムの特性を「自己準拠性」と呼んでいる。

この「自己準拠性」は、複雑な問題の処理に際して、その中から、システムの視点から見て有意味な事柄だけを取り出し、いわば単純化・単一次元化して結論を見出すことを意味するから、効率的であり、結論の正当性への信頼を得られやすい。また将来の予測も立ちやすい。これが近代的諸システムのメリットである。

しかしこのメリットは「一応」のものであって、結論の実質的妥当性をめぐっては、この「自己準拠性」は外界との間で常に緊張関係に立つ。だがこの緊張に負けて「自己準拠性」を放棄するのは、システムとしては自己否定であるから、何とかして「自己準拠性」を標榜し続けられるように、自らを修正（「自己塑成」）する営みを続けなければならない。

複雑・不透明・不確実な現代、特に、超高度化した科学技術が支配する二一世紀において、諸システムは、未曾有の試練に立たされる。法システムの基本構造を支えるのは〈0—1〉の二分法コードである。不法行為法はこれまで故意・過失の有無（例えば、不法な結果が生じる「危険」を行為時に予見できたか否か）という二分法で問題を処理してきた。しかし、高度先進的な科学技術の場合、それに伴う危険の予見は困難であり、このコードで処理するのは容易ではない。

私の専門に引き寄せて、もっぱら法システムのことについて論じてきたが、二一世紀には、同じようなことは、どのシステムについても、程度や態様の違いこそあれ、起きてくるに違いない。実際、経済・財政、政治、教育等のシステムも、それぞれの「自己準拠性」が根底から揺らいでいるように見える。しかし、最も私が憂いているのは「大学」というシステムの「自己準拠性」が大きく揺さぶられていることである。

前に述べたとおり、各システムの「自己準拠性」はこれまでも周囲と緊張関係に立っていたし、その中でシステムは「自己塑成」を続けてきた。しかし、今や、在来の手法だけでそれが引き続き可能だとは思われない。ことばの真の意味におけるラディカルな発想転換が求められるであろう。その担い手は皆さんである。社会に出る人も、大学にとどまる人も、それぞれが関わるシステムの「自己塑成」という永遠の営み、しかし、今や未曾有の困難に直面している営みを背負っていっていただかなければならないのである。

**【文章C】**

佐々木総長、御懇篤な御紹介ありがとうございました。また、この卒業式で卒業生の皆さんに祝辞を申し上げる機会を与えていただきまして、誠に名誉に存じております。

卒業式で来賓が祝辞を述べるということは、本学では去年から始まったと記憶しておりますが、昨年は理科系の方の卒業式のときに、小柴昌俊先生が祝辞を述べられまして、その年の秋にノーベル賞を受賞されたわけですので、もし、私の分野にノーベル賞があれば、多分私もプレッシャーを感じたのかもしれませんが、幸か不幸かございませんので、気楽にやらせていただきたいと思います。

私が卒業式でこの講堂に入りましたのは、もう四十数年前ですから、本当に昔むかしでありまして、そのころは二部に分かれるということはありませんで、卒業生数は多分二〇〇〇人くらいだったと思いますけれども、式は全部まとめて一回でやる。従って全員式場の中に入れるわけではないのでありまして、私は開式ぎりぎりにやってきたため、入れないで二階の廊下でうろうろしておりまして、ときどき人の肩越しにこちらの演壇の方を見下ろしまして、茅誠司総長がお話になっているお姿を垣間見たのを記憶しております。ただ、何をおっしゃっていたか全然記憶していないのでありまして、これから私が申し上げることも、多分そういう運命に遭うだろうとは思うのですが、とにかく何か祝辞めいたものを申し上げたいと思います。

申し遅れましたけれども、皆さん、おめでとうございます。バーをすれすれという方もあるし、バーが揺れていた人もいたかもしれない。いろいろあると思いますが、いずれにしても、おめでたいことにはかわりはありません。それから、御家族の方々のお喜びもさぞかしと存じます。

しかし、――いっぺん持ち上げておいて、「しかし」と言うのは、よく教師が使うレトリックなんですが――これから皆さんが背負っていかなければならない課題というものは並大抵のものではない。私は昭和三四年に卒業いたしました。まさに高度成長に差しかかった時代です。その年は、公務員の初任給がはじめて一万円を超えた年であります。そこからどんどんベースアップが続きました。ベースアップはさかのぼって行われるものですから、その差額が一二月に追給されるわけです。その追給分の方がボーナスよりも多かったという時代で、これを何年か経験いたしました。まさに日本が追い付き追い越せでどんどんやってきた時代を生き、そして今まさに佐々木総長がおっしゃったような困難な時代に差しかかった。これを自分で経験してきたという実感を、この卒業式に招んでいただきまして、新たにしている次第でございます。

皆さんにお配りしてある印刷物に書かれている話に入りますけれども、これから申し上げたいことは、皆さんに課せられた課題、それは、いろいろな人によって、いろいろな見方でいろいろ説かれますし、まさにその一つを今、佐々木先生がおっしゃったわけですが、それについて私なりに感じていることを、私なりの切り口で表現しようとするものにほかなりません。

現代社会というものは極めて複雑で見通しがきかない。それでも何とかかんとか程度の差はあれ、それなりの迅速性とか的確性を持って、社会のもろもろの活動が行われているというのも、これまた事実であります。

われわれ一人ひとりも周りや未来のことについて、ほんのわずかしか情報とか知見を持っていないにもかかわらず、不安に押しつぶされてどうしようもなくなるというのは余りない。そういうケースも勿論ありますけれども、普通はそういうのを「杞憂」などと言って笑っていられる。そういう具合になっている。それが可能だというのは、一言で申せば、社会にもろもろのシステムというのがありまして、これによって今の不安や複雑性を解消している。そういう仕組みがあるからであります。

つまり、社会が複雑性、不確定性に満ちているということの現実をある意味で単純化し、そして予測が可能なものへと変換する仕組み、これが社会のシステムであります。近代社会はいろいろな分野について、それぞれ独自のシステムをつくり上げ、それを働かせてきたわけであります。法、経済——経済はもっとブレイクダウンして財政とか金融とかいろいろ言うべきかもしれませんが——あるいは政治、教育もそうです。それから、科学というのも一つのシステムであります。そういったもろもろのシステムがつくられまして、その組み合わせによって社会構造全体がつくり上げられているわけであります。

大事なことは、このシステムというのは相互に関連し合う、法と経済、法と政治は関連し合っている、これは当然でありますが、差し当たりは一応それぞれのシステムが独立に作動するという約束になっているということであります。

法システムというものを例に取れば、有罪か無罪か、あるいは合法か不法かというようなことを判断する基準と、その判断をする手続に関する準則に則って犯罪とか紛争を処理するという約束事になっているわけであります。

それに加えて別の基準、例えば「人情」だとか「政治的な配慮」だとか、そういうものを加える、あるいは判断のプロセスにおいて別のものを持ち込んでくる。例えば「永田町」へ行ってお伺いを立ててくるというようなことです。そういうことをすること自体がシステム本来の姿ではない。システムというものはそういうものを排除するという約束になっているわけであります。

まさにこうした近代的なシステムの、つまりそのシステムの中に内在する規範とか準則だけによって結論を導き出していく、その性格が近代社会の発展をもたらしてきたわけでありまして、それを自己準拠性と呼んでおきたいと思います。こうしたことはシステム社会学の分野を勉強なすった方には、ある意味で常識的なことですから、何を幼稚なことを言っているのかと思われるかもしれませんが、ほかの方々もいらっしゃいますし、枕としてちょっと述べさせていただきました。

この自己準拠性というのは、複雑な問題の処理に際しまして、その中からシステムの視点から見て有意味な事柄だけを取り出して、言わば単純化、あるいは単一次元化するということによって結論を導き出すということでありますから、効率的でありますし、また少なくともそのシステムが社会的に認知されている限り、そのシステムによって導き出された結論の正当性を社会が承認する、正当性への信頼を社会が寄せる、ということが比較的起こりやすいわけであります。あるいは、社会の信頼を期待しやすい、と言うとわかりやすいかもしれません。

しかも、将来において生ずる問題がどのように処理されるかということの予測もそれによって可能になるわけであります。

これこそが近代的なもろもろのシステムのまさにメリットでありまして、これによって人間の社会は近代に入ってから急速に発展を遂げたわけであります。例を科学に取ってちょっと申し上げてみたいと思います。

そのパラダイムというのは、アーサー・コンバーグという生命科学者、これは確か一九八七年のノーベル医学・生理学賞の受賞者でありまして、そのお弟子さんは東京大学にもたくさんいらっしゃるはずですが、そのコンバーグ博士のことばを借りますと、科学のパラダイムというのは、「発明は必要の母」。普通は「必要は発明の母」だというわけですが、そうじゃなく逆だというわけです。何か必要なものをつくり上げるために一生懸命科学をやるというのは本当の科学のパラダイムではない。本当にブレイクスルーをもたらし、社会に実際に役立った極めて偉大な例を取ってみると、ほとんどが実用化とか、必要性を考えて研究した成果ではない、というのです。

例えばX線、これは何も人間の体の中を見ようと思って研究したわけではない。皆さんご存じのとおりです。ペニシリンもそうです。あれはかびの研究をやった成果です。それが抗生物質として役に立つということはその後に出てくるわけです。ですから、「発明は必要の母」なんだ、そういうふうにコンバーグ博士は言っているわけであります。

実は、ノーベル賞の選考委員会も、私の知っている限りでは、どうやらこのパラダイムを実践しているように思われるのであります。スウェーデンのアニタ・アペリアという女性の生命科学者、これはノーベル賞の医学・生理学賞の選考委員会の委員長です。この人から私は直接聞いたのですが、彼女たちの仕事は、どういうやり方をするかと言いますと、現在、非常に見事に花が咲いている分野、それは今年は何にしようかといろいろ議論して決めるらしいんですが、そこで今最先端の仕事をしている人を表彰するんじゃない。それに賞をあげるんじゃない。今花が咲いている、その種をまいた人、それをずっと学問の歴史を遡っていって、たどり着いたその人に授賞するというわけです。

したがって受賞者の仕事が二〇年、三〇年前、あの白川先生などもそうですが、二〇年、三〇年前のものであるというのは決してめずらしくない。それはまさにそうなんです。今、花を咲かしている。そこでがんがんやっている人たちはいっぱいいる。だけれども、その研究の本当に大本をつくり出した人というのが授賞対象になると言っているわけであります。

化学賞、これは田中耕一さんが先日受賞されましたが、どうも私の見る限り、これもまさにそのポリシーを実践した結果の受賞だという気がするわけであります。

もうご存じだと思いますけれども、田中さんがどういうことをされたかというと、非常に分子量の大きなものを解析する機械の開発です。対象物質にレーザーを当ててイオン化して、その速度の違いを測る。そういう機械を開発しようとされたわけです。しかし、高分子のものというのはレーザーを当てると非常に壊れやすい。その壊れやすいのをグリセリン系の物質を使って壊れにくくする方法を発見し、それによって目的を達したわけであります。

ところが、彼の研究に基づいて島津製作所がつくった機械は一台しか売れなかった。それに対して、彼の論文を読んで、それをもっと発展させたドイツの学者の機械が、今世界を席巻しているわけです。だけれども、ノーベル化学賞の委員会は田中さんを選んだわけです。それは、そのドイツの学者が田中さんの論文をちゃんと引用しているからなのです。田中さんの研究がなければ、ドイツの学者たちの仕事はなかったであろう。それで田中さんを選んでいる。それが科学の世界の約束であります。

ここにあるのは、ゼロから一〇に持っていった人の方が、一〇から一〇〇へ持っていった人よりも価値が高いんだという価値観です。そういうパラダイムで科学は支えられている。だからこそ、科学というのはどんどん進んだんです。

つまり、科学の世界ではブレイクスルーを求めてみんな先へ進む。機械をつくるのはエンジニアの仕事である。科学は科学でどんどん行く。それが科学の自己準拠性だと言えるのだと思います。

田中さん自身は、私はエンジニアですというふうに二言目にはおっしゃるのですが、私もそのとおりだと思います。と言うのは、彼は自分の発見した方法を用いて、すぐ機械の開発に向かって進んだのであって、発見した方法の背後にある原理を理論的に突き詰めて研究する方向へは向かわなかった。機械メーカーのエンジニアであって、大学の科学者ではない、つまり、「必要は発明の母」の世界の人なのですから、それは当然のことでしょう。私は、科学は高尚なもの、エンジニアリングは下賤なものだと言いたいわけではありません。科学とエンジニアリングは別のパラダイムで動いているということを申し上げたいのです。

端的に言うと、エンジニアである田中さんが、科学の賞であるノーベル賞の受賞者になったのには、彼がエンジニアリングと科学という、二つのシステムの間を移動したという偶然が介在していると申してよいかと思います。その偶然とは、彼が科学の論文を書いたことによって、科学のパラダイムに乗ったということであります。彼が論文にしないで、彼の仕事を使った機械を売り上げだけで評価されたら、全然話にならなかったはずです。

実は、彼に論文を書けと勧めた、つまり、彼をエンジニアリングの世界から科学の世界へ導いた科学者がいるのです。まずアメリカの学者が非常に高く評価した。自分の説と全く違う新しい成果を田中さんがあるシンポジウムで発表したのに対して、これをフェアーに高く評価して、アメリカ、あるいはヨーロッパに紹介した。それから日本の大阪大学のある先生から是非論文にしなさいと勧められて、英語の論文をしぶしぶ書いた、と田中さんは言っています。それがあったから、彼はまさに科学の世界に入ったわけです。科学と技術はそこが違うところです。

科学と技術というのは、まさに隣り合っていますし、科学が技術をどんどん進めていくのも事実です。しかし、科学と技術はパラダイムが違う。田中さんはたまたま論文を書くということによって、科学のパラダイムに乗り得たというふうに申し上げていいかと思います。

これでシステムとその自己準拠性については、ほぼご理解いただけたと思いますので、次の問題に入っていきたいと思います。それは、それぞれ独自のパラダイムを持ち、自己準拠性によって動いているという社会システムの持つメリットというのは、あくまでも一応のものでしかない、という問題であります。

すなわち、自己準拠性によって、結論や成果が効率よく導き出されるわけですが、その先の問題、つまり果たしてその結果が、実質的・内容的に本当に妥当なものなのか、社会にとって受け入れられうるものなのか、という問題になると、いつもそれで良いというわけにはいかないからです。要するに、システムと周囲のいろいろなものとの間には、いろんなコンフリクトが起きるものであり、システムによって導き出された結果の実質的妥当性をめぐって、その自己準拠性は外界との間に常に緊張関係に立つのであります。

法システムを例に取れば、例えば、あれは血も涙もない判決だとか、あるいは逆に、もうちょっと重い刑罰を科してほしかった、というような批判がしばしば出るのは、法システムに従って下した判決が外界との間にコンフリクトを起こしている一つの現れであります。

しかし、この緊張に負けて、そして、自己準拠性を放棄してしまっては、システムそのものの自己崩壊でありまして、効率的な社会運営の場における敗北を意味するわけであります。システムがそれを回避しながら、自分の社会的地位を維持するためには、この緊張関係に打ちかって、自己準拠性を何とか表向き標榜しながら、自己改革をしていく。つまり、実質的な妥当性を欠く結論を導き出さざるを得なかったようなシステムの欠陥を少しずつ変えていく。しかし、そのときにもちゃんと自己準拠性というものを守りながらいかなければならない。そういう営為を続けていかなければならないわけでありまして、そういう意味で、システムというのはいつでも持続的に自己塑成と言いますか、自分で自分をより良いものにつくり上げていく努力をしなければならないわけであります。

しかしながら、とりわけ複雑、不透明、不確実な現代、特に超高度化した科学技術が支配する二一世紀におきましては、このもろもろのシステムは、どうやって自己塑成を続けていくことができるのかという点で未曾有の試練に立たされるわけであります。

私の専門に引き付けて法システムを例に取りますと、法システムの基本を成しているのは、〈0―1〉のコードであります。あるかないか。コンピューターと基本的に同じです。法律の条文、あるいは法的な命題というのは、これこれの要件があれば、これこれの法的効果を生ずる、という形をとっている。

「故意または過失により他人の権利を侵害したる者は損害賠償の責に任ず」という不法行為法、民法七〇九条の命題というのは、その一例であります。権利を侵害しなければ損害賠償責任は生じません。日照権とか眺望権とか、いろいろ新しいことばがどんどん出てくるのは、今まで権利侵害の問題として扱われなかった利害を、権利として主張する向きが出てきたからなのですけれども、そうやって権利侵害があったかどうか、さらに、その侵害行為をした者に故意があったか、あるいは過失があったか。そういう幾つかの要件について〈0―1〉のコードで判断していきまして、全部〈1,1,1〉となりますと、責任あり、損害賠償の責任があるというふうに結論づけられるわけであります。

けれども、その〈0―1〉のコードが極めて複雑な、あるいは高度な科学技術的な発展にうまく対応しきれるかということは、はなはだ難しい問題であります。例えば、ある科学技術がもたらす危険、リスクというものについて、これを今の段階で十分予見できるんだろうか。科学自身、あるいは技術自身がどんどん発展していくわけでありますから、それに伴って何が起きるかわからない。そういうときに、何か行為をしようとする場合、ちゃんと危険を予見したか、あるいはできたかという判断を、前に言いましたように不法行為法ではすることになっているわけですが、科学技術のものすごい発展を考えると、それを求めること自体が無理なのかもしれない。そうすると、それでは何か悪いことが起きたときに責任を負わさないのか、それもまずい。しからば、責任を負わせるという道を選ぶ、つまり、故意は勿論、過失もなかったのに結果責任を問う、というふうに仮にするとしますと、今度はだれも新しいことは怖くてやらないということにもなりかねない。そうなると、科学技術の発展をそこで止めてしまう、あるいはブレーキをかけるという恐れが出てくるわけであります。

生命科学を例に取りますと、人類は今や遺伝子の解読という形で我と我が身の設計図を手に入れつつあるということはしばしば言われるわけですが、大事なことはこの設計図というのは、普通の人工物の設計図と違いまして、自分で施工していく能力を持っていることです。建築の設計というのは、大工さんがつくらなきゃだめなんですけれども、生命の遺伝子というのは、その設計図に従って自分でつくっていく、自己施工力を持っているということでありまして、大変恐ろしいことが起きるのかもしれない。ドイツのノルベルト・ボルツという哲学者のことばを借りますと、「人間は今や創造主であるとともに、原材料である」。神様であると同時に創造していく材料になってしまっているというようなことになってきている。これは法システムにとってなかなか厄介な問題であります。遺伝子治療や再生医療によって人類はより幸せになるかもしれない、それを可能にする科学技術の発展に無用のブレーキをかけてはいけない、という声が聞かれる反面、それは生命倫理を冒す危険があるという声もあるわけです。

法システムというのは、このように、拠るべき経験則がない世界は、本来苦手なのでありますけれども、だからと言って、法システムがその問題を回避して、そこから逃げ出してしまうとすれば、それは法システム自体が社会システムとしての敗北を宣言することにほかならないわけであります。

こういうことは、ほかの分野、ほかのシステムについてもいろいろ起きているのではないだろうか。「政治主導」と「政治家主導」がほとんど取り違えられて、日本の政治システムは大分おかしくなっている。たしか「政治主導」と「政治家主導」の区別を最初に言われたのは佐々木総長だったと思います。専門家はやっぱりいいことを言うなと思っているわけですが、それはともかく、経済、あるいは財政にしても、これが本当に自己準拠性を持って今動いているのだろうかとか、考え出すときりがないくらい、方々のシステムに危機が訪れているということが言えるのではないかと思いますが、中でも私が一番憂えているのは、大学というシステムの自己準拠性が一番揺らいでいる、あるいは大きく揺さぶられているということであります。

先ほど申しましたように、自己準拠性は、これまでいろいろ周囲との緊張関係の中で自己塑成を続けてきたわけでありますけれども、今や在来の手法だけでそれが引き続き可能だとはとうてい言えそうにない、ということを私としては申し上げたかったわけであります。

つまり、各システムが前提としてきたパラダイム自体が揺らいだとしますと、そのシステムの自己準拠性をどうやってうまく改造していくか。自己塑成を続けていくかということははなはだ難しい話ではないだろうか。そのためには、ことばの真の意味においてラディカルな発想の転換、あるいは根元的な省察というものが必要になろうかと思います。

例えば、よく言われることでありますけれども、もはや環境問題抜きで経済システムを語ることはできない。これは非常に大きな転換でありまして、今までの経済システムとは違うパラダイムができ上がりつつある。これに対応する自己準拠性の構造をどうやって組み立てていくのか、法システムにとっても同じ課題が突き付けられているわけであります。

まさに今までだれも経験したことのない難しい課題、これを担っていくのはあなた方であります。社会に出る方も、大学にとどまる方も、それぞれが関わるシステムの自己塑成という、一方では永遠の営みであり、しかし、今や未曾有の困難に直面している営みを背負っていっていただかなければならない。あなた方にはそれが課題であるということを申し上げまして、私のはなむけのことばとさせていただきます。

ご静聴ありがとうございました。

## コラム

# 「数学的な考え方」をめぐって

長岡　亮介

古典力学以来の数学的な科学の大きな発展と、その科学に支えられて、巨大化、強大化、精密化、高性能化を達成しつつある技術の展開を目の当たりにする者は、科学と技術を支える基盤としての数学の有用性を疑わないはずである。

しかしながら数学が、古来より教育の中で、大きな、時に特権的に近い位置を占めてきたのは、このような実用性に基づくものであるとは思われない。常識的には、《証明》に象徴される数学の《論証性》が、蓄積的な議論を組み立てるという人間文化の基礎とみなされてきたのがその理由であると考えられている。

しかし、数学における論理的厳密性は、数学が論理において単純・純粋であるからこそ達成されるものであり、数学的経験で陶冶された論証能力が、現実世界で力を発揮すると考えるのは、楽観的過ぎるのではないだろうか。そもそも、現実世界での論理は、「pならば、qかつp」からqを推論する三段論法（modus ponens）のように決して単純ではない。

しからば、数学の享受してきた特別の地位は何に基づくのか。

紙数を口実に、緻密な論理の積み上げを放棄し、単なる厳密な論証を超えた現実世界の論理に訴えることを許してもらえば、それは、さしあたっては、「与えられた規約に従って与えられた課題を、正しく、処理する手順を習得する」という経験を蓄積することの重要性の認識が共有されていたということであろう。数学の学習は、まさにカタの習得の最も典型的な経験であると言ってよい。見様見まねでカタの模倣を超えてカタを内面化することは数学学習の最初のゴールである。

しかし、受動的、能動的なカタの習得に終わらないところに数学のもう一つの意味がある。それは、意味の大小の違いはあるにせよ、カタを超えて存在する「発見」あるいは「独創」の身近な可能性である。「身近」という限定は「発見」を「偉大な独創的発見」に限定する必要がないという意味である。言い換えると、不理解、不可解が、何らかの契機で突如として、明々白々の自明な真実に姿を変えるという理解の経験でよい。このような普通には稀有な経験も、数学的な思考、数学的な理解を通じてなら容易に接近できるのである。

## 細胞・身体・運動と科学
### ――自己理解の「カタ」を求めて

跡見　順子

従来の科学において、人間の身体は切り離された対象としてのみ扱われてきた。医学や生理学等それを直接の研究対象とする場合を除いては、身体は科学的考察においてほとんど無視されてきたと言っても過言ではない。これは換言すれば、身体を持つ「自己」という契機が科学的考察からほぼ完全に欠落していたことにほかならない。

私は、東京大学教養学部において長年体育教育に携わってきた。大学におけるスポーツ・身体運動実技科目は、(受験で低下した?)体力の向上であるとか、勉学に必要な気晴らしであるとか、自己管理の一環としての健康管理といった目的の下に捉える向きが強い。しかし筆者が、これまでの教育・研究の中で追求してきたのは、知と実践を新しい形でつなぐこと、すなわち、学生が各々の専門にかかわらず、自分で動かし意識する身体を材料に科学的考察を行うことをとおして、認識を問い直し、同時に、認識そのものが成立するのに欠かすことのできない「身体」という視点を科学に持ち込む可能性を問う、ということであった。受講学生がいみじくも言ったように「運動を介さない認識はない」ということを起点として。

自分の身体を対象として、動き、理解し、言語化する授業の内容はたとえば次のようなものである。デジタル数値として刻々と変化する運動時の自分の脈拍を自分で見る、走るスピードとの関係をグラフ化する。運動したときの身体の変化、特にどのように感じ、実際になし得たかも含めて言語化する。その上で、シャーレの上で自動的に動く心筋細胞を、遺伝子組換えにより視覚化した揺れ動く細胞の骨格構造やミトコンドリアを見、細胞でできている身体を、運動したときの身体を想像する。こうした実習をとおして、学生は自分の行動制御さえ危うい自分を発見する。同時に、自分の身体のシステムが、「理(ことわり)」を持っていること(「私の身体はかくも美しい応答をするのか!」)、地球や環境を「理解」してつくられているらしいことを知る。学生は、自らの運動する身体を発見し、感じ、解析し、言語化し、やっと新しい自分や身体に向かうようになる。いわば「身体を科学の手で自らに取り戻す」のである。

このような方法を提唱し実践してきた筆者の基本的な考え方として、以下の三点をここでは指摘しておきたい。

第一に、運動と身体との関係について、「運動が心も含めて人間システムを生み出す原理」である、というのが筆者の基本的な見方である。身体のシステムの「適応能」ないしは「ダイナミクス」によって、運動による身体の変化が引き起こされる。授業の眼目は、身体と意識を継続してつなげ、分析し、言語化しつつ、「今、自分が行っている行動・運動・行為は、特に生物として、人間として何なのか」という形で運動および運動適応を生命科学的に理解し、考え、実践することである。この運動による身体の変化において、脳の可塑性はとりわけ重要である。脳は運動しないと何も出力されない細胞からなる。故・松本元の「脳は出力依存性である」という主張を受けて、そこに運動を介在させるとき、心身二元論ではない、心身一元論の生命の学、脳科学が展望されるのではないだろうか。

第二に、前記の生命科学的考察においては、細胞に注目すべきである。「運動適応」は、生命の基本的単位である細胞を規定して初めて獲得される現象である。なぜ身体の組織や器官ではなく細胞か、と言えば、それは、細胞が生命の自律した単位だからである。一個で機能する細胞は少ないが、細胞は環境条件さえ整っていれば、自律的に生きる。細胞は、身体の部位に応じて、環境に応じた、身体の行動に応じた活動をする。一つひとつの細胞が接着している土台、つまり生きる「場」を自らつくり上げてゆき、それが「からだ」をつくり上げている。

個々の細胞も身体も、それぞれのレベルで、内部の状態があまり乱されないようにと変化してゆく。すなわち、「ホメオスタシスを維持する」ことがその行動基準である。マイルドなストレスに対しては、ストレスタンパク質という細胞が緊急につくるタンパク質のはたらきによって、変化に対して応答するメカニズムを持っている。運動によって上手に細胞の環境を変化させると、身体が機能的に活性化して維持されている状態が生み出されるわけである。

細胞は、通常でも三〇パーセントもの高い確率で異常なタンパク質をつくっている。しかし異常なタンパク質は分解されやすい。つまり、よりよいシステムは残し、かつ生命維持にとって危ないものは壊す、つくっては壊し、壊してはつくるという活動が、身体運動に伴い行われるのである。

第三に、人間は自らの身体がわかるようにはつくられていない、という点が重要である。自分の顔は唯一見えない顔であり、自分の身体のメカニズムはさらに見えない。自分がわかるように仕組まれてはいないからこそ、理解を言葉にし、科学にし、「こころ・ことば・からだ」の関係を理解してゆく必要がある。

「汝自身を知れ」との古代ギリシアからの命題こそ、今、哲学と科学・工学、そして生命の「場」である身体＝心を生み出す身体の動的状態＝自己を省察する道具、内なる認識を表現する道具としての科学技術の利用とその具現化の中心的課題であろう。

# これじゃ科学技術立国も「カタナシ」
## ——環境問題に関する議論の非論理性

武田　邦彦

地球環境問題という文理融合型で社会的な大きな課題に対し、学問がその力を発揮すべきときに当たって、日本社会は学問に対する信頼性を放棄したと考えられる。教養が「相手の存在価値を認める」「学問による論理性、科学性を尊重する」というものであるならば、環境問題で見られる科学の混乱から見ても日本において「教養」というものそのものが存在していないと考えてもよいと思われる。

北極に浮かぶ海氷は、結氷しても融解しても、海水面の上昇には何らの影響を及ぼさない。これは二二〇〇年前のアルキメデスの原理の初歩的な応用であり、日本では中学校で全生徒が習う。しかし、地球温暖化が社会の関心事になって以来、日本では環境省、マスメディア、あるいは一部の専門家も含めてこの初歩的な現象が理解できなかった。

また、南極大陸に存在する氷は中央部の積雪が堆積したものであり、大陸全体が大きな氷河をなしていて、万年単位で周辺部に移動した氷が海に接して融解する。気温の上昇は周辺海域の水の蒸気圧を上昇させ、降雪量を増やすので温暖化は南極の氷を増やして海水面を低下させる要因となる。この現象も日本では一五年にわたって正反対の認識がなされていたが、現象として高等学校で習得する「温度差と物質移動」の物理化学的関係の応用でもある。

仮に、学校での知識の習得が単に単位を取得するとか入学試験に合格するなどではなく、自らの人生において、目前に発生する重要な科学的事象について適切な判断を自らがなせるためであるとしよう。また、地球温暖化が人類の将来にとって重要な事項であるとすると、この二つの事実は日本における科学教育の失敗の実例であり、科学技術立国と言われる中で、一般人も、科学・技術を専門とする者も、目前の応用問題についてまったく自らの理解力・論理性を発揮できなかった実例として挙げられる。

類似の例としては「樹木が二酸化炭素を吸収する」とか、「水素自動車は二酸化炭素を排出しない」、あるいは「東海道新幹線は航空機に比較して二酸化炭素の排出量が一〇分の一」「プラスチックは燃えないゴミ」「ダイオキシンは猛毒」などがある。いずれも科学的事実や厳密な表現と大きく離れており、まさに東京大学医学部の和田攻教授が慨嘆したように「科学の力の弱さにある」と言えよう。

さらに、リサイクルの社会的合理性についてはさまざまな異論があるが、少なくとも従来の学問を尊重するなら、リサイクルのように明らかに熱力学第二法則に反する行為が成立すると結論するためには、学問はなぜ法則に反することが成立するのかを真摯に研究し、結論を出さなければならないだろう。

環境関係の紛争において適切な判断を阻む原因の一つは、「権力が発表したものが正しい」とする態度にある。一方、学問の存在価値の一つに、権力が学問に反する行為を継続的に行う場合に、それに対して反権力側のスタンスをとる、ということがある。それゆえに学問の自由や言論の自由が尊重されているのに、日本では科学的な誤りを含む官製報道を学問的に正しいと肯定する「教養人」が多いことも事実である。

# 歴史学と物理学の「カタ」の違い

木村　龍治

歴史学の趣旨は、歴史学の定番の型（スタイル）を示すことではなく、型を生み出すもとになっている考え方を再検討することである。それゆえ、タイトルが「歴史の型」ではなく「歴史のカタ」なのである。

自然科学でも、宇宙の歴史、地球の歴史、生物進化の歴史、というように、自然現象の歴史的変遷を研究対象にする分野がある。その視点は、歴史学の視点とどのように対応しているのであろうか。

人間社会も自然のシステムも物理学の言葉で言えば複雑系である。複雑系でないものは、たとえば、天体の運動のようなものである。天体の運動にも歴史はあるが、その歴史は単純な法則に従っており、その法則は普遍性を持っているので、未来の変化まで予測できる。

未来の予測は、天体の運動でなくても、魅力のあるテーマである。おそらく、歴史に対する興味の一部には、過去を知ることが未来を知るのに役立つという発想があるのではないだろうか。天体の運動では、かなりの精度で未来が予測できる。それと同じように、複雑系の未来も予測できるのであろうか。

物理学では、線形と非線形を区別する。線形とは、単純な現象の重なり合いで複雑になっているシステムのことで、それを単純な要素にほぐすことができる。非線形とは、複雑性をほぐすことができないシステムである。複雑系を構成するたくさんの要素が相互に影響し合うので、一部の要素の変化が全体の大きな変化を生む可能性がある。

このようなシステムでは、予定調和が成立しない。過去は一過性になり、未来は不定になる。たくさんの未来の候補が実現可能になり、どの未来が選ばれるか、現在の時点では決められない。非線形システムにおける歴史とは、たくさんの可能性のある未来から特定の現実が選ばれていく軌跡である。

自然科学の視点から見ると、歴史学は、過去の事象を丹念に追っていく作業のように見える。しかし、過去は無限の細部を持つから、過去を完全に再現することは不可能である。歴史学は、惑星の構造を望遠鏡で見る作業と似ている。可視化される惑星の構造が望遠鏡の性能に支配されるように、過去の再現も、歴史の見方によって変化する。過去を見るとは、過去を解釈することではないだろうか。このような歴史の本質を考えると、歴史の科学的要素と文学的要素の関係は、単純に、真実と架空の関係であるというわけにはいかないように思える。

*

## 「儀礼が法をつくる」を読んで

本来、ルールは、従うことを前提としている。それによって、行動が制限され、秩序が生まれる。その典型例がゲームのルールである。ルールを守ることで行動の枠組みができ、その枠の中で行動することによってゲームが成立する。誰も反則をしないときにゲームが成立するためには、それなりのルールの体系が必要である。ルールに不備があれば、反則が行われなくても、ゲームは成立しない。たとえば、囲碁のルールで、コウが生じたときのルールをつくっておかないと、無限の繰り返しの連鎖に入って、囲碁というゲームは成立しない。

社会秩序の維持は、たくさんのプレイヤーが参加する一種のゲームとみなすことができるだろう。参加する市民が権利と義務を果たすことによって、秩序ある社会を維持するゲームである。まず問題になるのは、法体系が社会を正しく維持できるか、ということである。最近、よくコンプライアンス(法令遵守)という言葉を聞くが、参加者全員が法律に従って行動した場合、社会秩序は維持されるのであろうか。

ゲームの行動パターンは固定しているから、完成されたルール体系の構築が可能である。しかし、社会の構造は常に変化しているから、固定した法律の体系では、社会の変化に対応できないだろう。そのため、立法府では、新しい法律をつくり続ける必要がある。

基本的な法体系は長い歴史を持つ。現在の法体系は歴史の試練を経た姿と考えてよいであろう。それにしても、小川浩三の「儀礼が法をつくる」を読むと、法律の基盤となる考え方には、裁判に関わる内容が多いことに驚く。あたかも、法治国家の法律は破られるのを前提にしているのではないか、と思いたくなるほどである。

逆に、このような「法律のカタ」が必要であることは、人間の本性と深く関係しているとも考えられる。義務よりも権利のほうを主張し、自分の有利になるように事実をごまかすのは、人間性に深く根ざした悲しい業なのであろうか。その業を前提とする社会の維持のために発明されたのが、衆人環視の裁判という儀式なのであろう。

# 第二部　教養教育の再構築に向けて

# 《鼎談》これからの教養教育

佐藤　学
葛西　康徳
鈴木　佳秀（司会）

## 一　はじめに――教養教育と市民性教育

**鈴木**　本日（二〇〇七年一一月四日）は、東京大学の佐藤学教授と大妻女子大学の葛西康徳教授をお招きして懇談のときを持ちます。人文・社会科学振興プロジェクト「これからの教養教育」において、佐藤さんは「グローバル化時代における市民性の教育」、葛西さんは「教養教育の再構築」という二本柱のグループリーダーを務めております。本日の進行は両プロジェクトリーダーの私が務めさせていただきます。まずは葛西さんからお願いいたします。

**葛西**　戦後日本の新制の大学制度においては、まず教養課程あるいは一般教育課程があり、それから専門課程に進みました。この制度は一九九一年のいわゆる「大綱化」によって制度的なバックボーンを失いました。そして、それからもう一五年経ったわけです。現場のいろいろな大学の状況を見るにつけても、教養課程と専門課程の区別をなくしたことが、いいほうに向かっているのかどうか、それから、この教養課程と専門課程の二つの区別をなくしたことと、教養部という組織をなくしたことが、これは実は別のことなのですが、現実には連動して起こってしまいまして、それがまたいろいろな問題を生んでいます。

一方、私立大学はもともと教養部という組織を持っていないところがむしろ普通でしたから、あまり大きな変化がありません。とはいえ、やはり教養部的なものの比重が小さくなっている。それから今、新しい学科・学部、例えば、コミュニケーションとか、情報とか、国際という名前の付いた学部・学科がたくさん新設されたという意味では、ほんとうに大きく変わりました。また、国立大学が教養部をなくしたことの背景と言いますか、ちょうど同じことの裏面として、大学院の重点化がありました。私立大学でも最近、専門職大学院ができてきたために、その余波を受けて、やはり変わりつつあります。

そういう中でも、教養教育というものの意義を正面から否定する人は誰もいないのです。そうだとすると、教養と専門という区別はなくなった今、これからどういう基準を、つまり制度上・規則上の基準ではないいわば実質的基準を、われわれはつくっていかなければいけないのか。それからまた、従来の教養教育に対する批判は非常に大きかったわけで、それに対してどのように応えていくのか。ということで、逆に教養教育を考える必要が大きくなったとも言えます。

確かに、日本の教養教育、もう少し言えば戦前の、あるいは明治以降の旧制高校の教養教育を含めて、これはまったく意味がなかったのではないかという議論がありました。私はそれは意味があったと、そして、将来につなげていくものがあるという前提に立った上で、つまり正の遺産と考えます。その上で、論点として三つ挙げます。

その第一が、大学あるいは大学生を社会に開放するのではなくて、むしろあえて社会から切断と言いますか、距離をとることがやはり必要で、そのシステムが教養なのだということです。

二番めに、文系・理系という区別が日本には当然のようにあるわけです。これは高校教育のところからある。これは非常に日本的だと思います。だから悪いとは言いませんが、それをもういっぺん検討してみる必要があるでしょう。と同時に、文系・理系という区別ではないとすると、共通するものは何かということを積極的に定義しなければいけない。ここでは、これをカタとか、方法、スタイルとも呼ぶのですが、これがやはり教養ということにつながってくるだろうと思います。

最後に、では、そのような方法とかカタを習得するための素材、もっとありていに言えば教材を開発しなければいけない。そのときに、改めて参考にすべきが、明治以降の西洋文化の受容というものを考えて、そこで何が生じたのか。そして、特に日本では翻訳というものが決定的に重要で、この重要というのは、翻訳という形で整理されたと言うか、せき止められたと言うか、つまり西洋の学問的植民地化にならなかったわけで、それがどういう意味があるのでしょうか。

日本近代のこの翻訳の何がポイントなのかと言うと、西洋側から見れば日本には翻訳というブロックがあるために、日本で何が起きているかがまったく見えないわけです。今度、日本にある翻訳や、それから西洋の学問の基本的な参考書なり体系書が刊行されてしまうと、それがオリジンとはどういう関係にあるかということは忘れられてしまって、一気に普及していく。私はこの普及、量の問題というのは重要だと思っているのです。教養教育と言うときに、批判する人は多いのですが、まして、今ヨーロッパでも四割が高等教育へ進んでいくというときに、日本はすでに一九八〇年代にそれをやっているわけです。この翻訳および普及という問題を考えてみたい。

話は第一点に戻りますが、この夏、先ほどの高校の問題ということで、英国のイートン校というパブリックスクールの代表校を訪問してみて、先ほど申し上げた生徒を社会から切り離す、距離を持たせるということの意味と、実際にそれがどれほどたいへんなのかということについて考えました。

**鈴木**　佐藤さんのグループでは、どういうこと、どういう問題意識で検討されているのか、簡単にお話をいただけると接点が出てくるかと思います。

**佐藤**　一言で言えば、citizenship の教育、市民性の教育と言っていいかと思います。このテーマは、幸いなことに、教養教育というところに広く言えばつながるわけです。citizenship の教育をテーマにした理由は、もう過去一〇年ぐらいになるのですが、欧米諸国ではどの国も市民性の教育のガイドラインをつくっているのです。それは教育省がつくる場合もあれば、あるいは大学がつくる場合もあれば、行政機関がつくる場合もありますが、いずれにせよ、citizenship の教育の問題が中心テーマになる。

ところが日本のほうは、いくつかの試みはあるのですが、依然としてどこもガイドラインもなければ、そういう意識も薄い。これを放置できないという意識がありまして、citizenship の教育という問題をテーマにして、小学校、中学校、高校で具体的に、カリキュラムに具体化できて、実践され、それのまた指針になるようなガイドラインをつくる必要があるのではないかと。これはあくまでも社会提言ですから、それがどう受け入れられるかは別問題としまして、その提言内容を考えようということです。

しかも、人文・社会科学振興プロジェクトのいい特徴だと思うのですが、教育の問題を教育の関係者たちだけで考えるのではなくて、学際的に、総合的に、政治哲学や公共哲学、政治学、経済学、倫理学等々の教育学者だけではないチームを組んで、主に三つの領域に分けて検討していく。一つは「主権者の教育」です。民主主義の社会を発展させるために、高校卒業段階で主権者を育てるという形での教育というのは、正面切って日本はやってきていないのですね。これは共和制国家にとっては必須の課題でありまして、そういう意味で、従来の公民教育に当たるかと思いますが、主権者教育をどう考えるか。

二つめは「公共倫理の教育」です。グローバル化時代で多文化共生と言われ、それから多元的な社会と言われるのですが、特に公共的なモラルの教育を一貫してどのように行えばいいかということが十分に議論されていない。

三つめは「葛藤解決の教育」です。conflict resolution ですね。これらの柱を目的にして、小学校低学年段階から高校までで一貫してどういう知識が必要か、どういう技能が必要か、さらに、どういうコンセプトが必要か、どういう活動を実際に学校で行ったらいいかという、そういうラインで進めてきました。

なぜ citizenship の教育なのかということを少し振り返って考えてみますと、グローバリゼーションが始まるまでは、近代教育というのは国民国家の形成だったわけです。「国民の形成」です。この時代が一世紀半続いたわけですが、そこで求められるのは国民的教養ですよね。共通の言語、共通の歴史、共通の文化、しいて言えば国民的アイデンティティの形成が学校の中心問題です。ところが、ベルリンの壁が崩壊し、それから、国民国家の時代が終わりを遂げるに従って、多文化共生とか、あるいは国境を越えた市民性という問題が現れてきた。つまり国民の教育から市民の教育への移行です。この方向性が二一世紀の学校教育の大きなカリキュラム上の問題であるとするならば、その市民性の教育という問題を正面から議論する必要があります。

「市民」という言葉ですが、われわれは大きくは三つに分けています。地域社会における市民性、日本社会における市民性、それからグローバル社会における市民性、これはアジア社会と言ってもいいと思います。アジアの各国において、中国や韓国、日本と並べて、どのようにナショナリズムを超えた市民性の教育を行うことが可能か、あるいは協働することが可能かということを今検討しているわけです。

今の葛西さんのお話、あるいは鈴木さんのお話に引き寄せて考えますと、二一世紀の社会に必要な市民的教養というものがあるのではないか。国民的教養ではなくて、市民的教養とはどういうものなのか。それは従来の教養教育とどう変わってくるのかということを、単に高等教育だけではなくて、小中学校を含めて検討する必要がある。今日は本当にいい機会を頂いたと思っていまして、高等教育を中心に、空洞化している教養教育をどう回復するかというテーマになるのですが、私としては小中学校教育も含めた視野で議論できればと思います。

**鈴木**　今までのイメージとして、初等、中等教育で基本としての知識、義務教育がありますね。基本としての知識を教えるという大前提がありまして、義務教育という形で教育がなされてきて、そこに新たに市民性教育を入れようとするときに、やはりいろいろな方法と言いますか、切り口と言いますか、それを教える教員の養成も必要ですね。そういうことについては、皆さんで討論されたりするのですか。

**佐藤**　それはないのですが、同じような問題で、いちばん議論したのは、そもそも今の日本の学校の、小中学校で言いますと、教科のカリキュラムの中に、市民性をどう育てるかという発想自体がないのです。だから、基礎基本といっても、教科の基礎基本になってしまう。ですから、そういう学校自体が、言ってみれば市民的な自由が保障されていない空間の中に置かれている現状において、どうしてそういう発想が可能かというような。

**葛西**　「社会」という科目はあるのに、社会については確かに何も教えていないのです。

**佐藤**　社会があっても、社会科の教科書を見てわかるのは、特に小学校などは、お金の話が出てこないのですね。その点では社会ではないということなのです。

**葛西**　お金なしで生きてはいけませんからね。それとの関係で、法学という話になると、これは私が雑談で学生に授業のときに言うことですが、西洋では西洋の古典があって、今や読まれてはいないけれども、ホメロスなどはおとぎ話や子ども向けの本でみんな知っている。ところが、日本でそれに当たるものがもはや何もない。ただ一つ例外があるとすれば、僕は日本国憲法の前文、あれだけは多分一回は中学校ぐらいで、少なくとも先生は話しているし、教科書のどこかに出てくる。今日の話で、佐藤さんが言われたことで非常に新鮮でもあり不思議に思うのは、民主主義とか、主権在民とか、三権分立とかは、必ず今でも言っているとは思うのですが、市民となると抜け落ちてしまいます。それがなぜなのかなと、今改めて私は考えているのですが。

**佐藤**　主権者の教育の場合にも、とおりいっぺんの知識としては必ず習っているのですが、たとえば立憲主義という大本になる考え方が教えられていないわけですね。それから、民主主義の問題一つにしても、民主主義はこうですよということは習っているのですが、民主主義が非常に不十分にしか実現されていない現実は、学校では教えていません。何をすべきか、とか。

**葛西**　選挙に行きましょうぐらいでしょうかね。

**佐藤**　そうそう。ですが、なぜ投票率がこんなに低いのかということも、何も議論していない。そういうもっと現実に根差した、しかも、学習者が行動できる、そういう教育を目指さなければいけないのだということですね。これは政治主義などということとは全然違うと思うのです。

## 二　日本における教養教育の背景と現在

**葛西**　なるほど。今、佐藤さんがおっしゃったことから、今度は大学で言いますと、教養教育に相当するものを行っているのは、非西洋社会では、多分日本だけではないかという気がします。

**佐藤**　そう思いますよ。ですから、日本だけ見ていると教養教育が根付いていないと思われるのですが、非西洋社会で言いますと、特にアジア社会の中で、大学の中で教養教育らしい教養教育をそれでも機能させてきたのが日本ですから、いちばん進んでいると思います。

**葛西**　一つおもしろい話を聞いたのは、ベトナムでは教養教育的なものが入りかけているのですが、詳しく聞いてみると、東京大学の教養学部の先生方が中心になって、共同研究と国際協力という形でやっていて、やはり背後に日本の経験があったのかと思いましたね。

**佐藤**　やはり教養教育の問題を考えるときにいちばん難しいのは、先ほどおっしゃった翻訳の問題にも絡んでくるのですが、旧制高校の教育というのは、簡単に言えばリベラル・アーツ教育ですよね。それから、パブリックスクールのイートン校などもリベラル・アーツなのです。リベラル・アーツの教育というのは、古代ギリシア以来の古典、人文主義を教育するエリート主義教育なのです。しかし現在各大学、日本の大学が非常に大きな大衆化を遂げたときに、リベラル・アーツの教育のエリート主義の流れ、しかも西洋中心主義の伝統が、本当に収まるものなのかどうなのかという問題があるわけです。どうもここらあたりが一つの鍵になる。

一方で、葛西さんがおっしゃったように、リベラル・アーツのように、社会から隔絶して、学問的伝統をきちんと教養教育し、個人の内面を豊かにしてという部分はとても重要なのです。しかし、もう一方で、文化のカタの話をすると、大正時代にこの教養主義というのが成り立つのですが、唐木順三が言っていますよね。その教養主義が成り立ったときに日本人は教養のカタを失ったと。これは当たっていると思うのですが、鷗外や漱石は漢籍の素養がベースにある。この漢籍の素養というのは、日本人の多くの教養人が皆持っていた。その上にドイツ文学があったり、日本史研究があったり、そして日本の学問文化というものがつくられているわけでしょう。厚みが厚かったわけです。その次の世代になってくると、そうではない、純粋に輸入学問になってくる。だから、どうも根無し草の教養教育になったのではないかと思うのです。教養教育はもちろんすごく大事なのだけれども、いったいどこに教養教育を復活させるのか、雛形を求めてくるのか。

**鈴木**　今までの初等中等教育というのは、ほとんどこういう場がなかったわけですよね。その結果を補うために市民性教育という考え方と、初等中等教育の場をうまく使って、いわゆる教養教育のカタとか、方法論とか弁論術みたいな、そういうものを、中学高校の一番伸び盛りのときに何とか制度的に組み込めればということを考えます。

**佐藤**　教養教育、大学における教養教育だけを取り出して純粋に考えてみますと、実はリベラル・アーツとは別の伝統がありまして、一九二〇年代にアメリカで始まっているのです。コロンビア大学ですが。general educationとしての教養教育、一般教養ですね。ジョン・デューイが始めるのです。ジョン・デューイは第一次世界大戦に賛成派だったわけです。アメリカのデモクラシーがヨーロッパに広がれば、二度とヨーロッパは戦争をしないだろうという、いわばオプティミズムな考え方だった。その当時デューイのお弟子さんの中にはコミュニストもいましたから、そういう学者たちからはものすごく批判され、また、デューイが慕っていた社会派の人たちからも批判されるのですね。実際には第一次世界大戦は大量殺人の戦争でした。いたくデューイは反省します。彼は日本にも来るのですね。中国にも。東洋思想からも学んでいくという、そういう経緯の中で、コロンビア大学に帰って始めたのが教養教育なのです。これは現代的な課題をテーマにした知識の総合という、総合問題解決コースの教養教育でした。

これは、リベラル・アーツとは違った、先ほど僕が言った市民的教養に当たるような、そういう教養教育が新しくできたと思います。実はこの流れは一九二〇年代に中等教育のほうに流れまして、それから高校改革がありました。一方、やはり一九四五年なのですが、今度はハーバード大学のその当時学長がコナントですね。コナントが、自由社会のための教育という委員会をつくるのです。これも同じで、第二次世界大戦における原爆で大量殺人、ナチスの虐殺、これに対して科学技術が無力だったということの反省によって、自由な市民のための教養教育を求めた。これが一般教育の定義になっているのです。実はわれわれが学生時代に一般教養で、人文社会とか、人文系何とか、社会科学系何とかいろいろ学んだ……。

**葛西**　社会系、何科目とかありましたね。

**佐藤**　あれは、全部がこのコナントの描いた一九四五年の提言通りなのです。ですから、これもgeneral educationですね。

**葛西**　そうですか、ほんとうに驚きました。佐藤さんの今言われたようなことは、日本教育学会、あるいは高等教育のほうでは、もうある程度常識になっていますか。

**佐藤**　いや、これをきちんと言い出したのは僕だと思うのですが、現在ではかなり認知されています。たとえばICUの立川明さんなどは、僕よりももっと具体的に、実際にgeneral educationとしての教養教育というものが、大学教育においてどのように発展したかを具体的に研究されています。

**葛西**　教養教育とわれわれが呼んでいる動きの中で、佐藤さんのおっしゃった一九二〇年代のアメリカからの影響、特に戦後の影響を考えますと、日本の戦後の教育改革の中で、初等、中等ぐらいまでは一生懸命改革したのだけれども、大学をやや大急ぎでやってしまって、特に旧制高校を解体し、それからいろいろな専門学校を全部一緒にしてやってしまった。そして、学部教育はgeneral education、あるいはarts and sciencesを考えたのだけれども、まずできたのが文理学部で、それがすぐ文学部と理学部に分かれるという力学が働いた。やはりそれまでの専門教育の意識が強く残っていたのですかね。

**佐藤**　半分半分という折衷型をとってしまったのですね。つまりヨーロッパ型の大学のところにアメリカ型を接合しようとしたから、うまくいかない。だから、一〜二年が教養教育で、専門教育を三〜四年でするという折衷型となった。アメリカですと、四年間は教養教育です。一方、ヨーロッパ型だと、教養教育を終えた段階で専門教育に入る。それを日本では二年二年で接合したのだと思います。これは無理があると。

**葛西**　絶対無理があったと思いますね。

**佐藤**　特に理系から崩してきたわけです。基礎科目として。

**鈴木**　専門教育の質を落としているわけですね。

**佐藤**　教養の理念がまさに理念のままにとどまったままで、崩れていったと思います。ただ、これからを考える場合に、アメリカ型のように四年間全部教養教育をやったらいいかと考えますと、そうもいかない。それから、専門教育と教養教育が同時に課題になっている。というのは、実は伝統的なヨーロッパ型は実際はもうほとんど崩れています。大衆化していますから。要するにリベラル・アーツは高校まで、大学は学問教育をやるのだという考え方、それから、入るときはやさしく、出るときは難しいというのがありますよね。それらは、どこの国の大学も進学率が一〇パーセントであれば維持してきているのです。ところが進学率が三〇パーセントになれば当然とてももたない。今ヨーロッパはほとんど三〇パーセントを超えていますね。

**葛西**　超えていますね。あのイギリスですら、進学率はもう今や四〇パーセントですよ。

**佐藤**　そうすると、どうも学部段階の教育は急速にアメリカ型に近づいているのです。どうしても教養教育が入り込んできます。だから、これからの日本を考える場合には、両方併せ持った日本の折衷型のよさのようなものを生み出していかないと、多分解決にならないのではないかと。ただ、言いたいのは、旧来型のリベラル・アーツだけで考えないで、もう一つの general education、つまり、市民として当然備えるべき教養、あるいは現代の社会、地球規模で起こっていることとの基礎教育、これを教養教育でやる。この二つの軸を、両方のバランスをとって、うまく生かすということではないですかね。

**葛西**　一つの鍵を握るのは、やはり誰が教えるかという話です。佐藤さんのおっしゃることに絡んで、われわれも共同研究の非常に早い時期に、西洋古典学の久保正彰先生をお呼びして、ハーバード大学での四年間の経験をお話ししていただきました(本書に再録)。そこでおっしゃったことは、ハーバードでは非常に教養教育に熱心な先生が、まさにボランティアで授業をやっておられたと。学生たちもあの熱心さにやはりほだされて、みんなついていったというのです。

**佐藤**　ハーバード大学で四ヵ月ですが教えたことがあって、そのときに痛感したのは、ハーバードというのはヤードというカレッジを囲んで、一〇の大学院があるのですが、それは専門家教育なのです。professional education です。

**葛西**　典型的なのは、law school がありますね。

**佐藤**　educational school もそうなのですが、それから medical school ですね。しかし、キャンパスの中心にヤードというのがありまして、そのヤードには日本で言う教養部のようなものもあるわけです。ここにももちろん大学院があるのですが、ものすごく少数の大学院で、古典的な学者養成を行っています。一四世紀のイタリアの何とかの文献について調べるみたいな、そういう古色蒼然たることをやっているのです。

**葛西**　これぞ学問みたいな。

**佐藤**　ただし、ここの先生方は、基本的に学部教育の教養教育もやっているのです。この学部を担っている先生方のステータスが一番高いのです。

**葛西**　そうなのですよね。

**佐藤**　だから、教養教育をやっている人たちのステータスが一番高くて、大学院になっていくにしたがって落ちてくる(笑)。

**葛西**　専門的なことをやるわけですから、狭くて、そこだけやればいいのですからね。

**佐藤**　それもどうかとは思うのですが、日本のように大学院は上で、上に上がるほど立派な先生で、下のほうが低いという見方がまず変わらないと。教養教育こそが大学の中心部に置かれる必要がありますね。ハーバードは一貫してそうやっているのです。

**葛西**　今の大学学士課程四年間という問題も、おそらく文科省を含めて、やはり原則アメリカ型にしていこうという動きがあるようなのですが、先生方にもそのような考えの方がいます。同時に専門職大学院がある。もっと言うと、専門的というよりは職業的ですね。professional というよりも vocational ですね。vocational なほうに急速に今動いている……。

**佐藤**　実利的なね。学生のほうもやはり、女子学生を中心として資格に非常に敏感になっていますから。資格に対応したカリキュラムをすごく設ける。

**葛西**　女子のほうがそうかもしれませんね。今まで社会的にどうしても不利でしたからね。

**佐藤**　難しい問題です。つまり、葛西さんがおっしゃったように、一九九一年の設置基準を大綱化したときに、不思議なのは、それまで教養教育重視と言っていた人たちがみんな消えてしまったということなのですよ(笑)。みんな専門志向にずっと流れていってしまいました。これは文科省が悪いとか、そういう話ではなくて、各大学人がどのように教養教育を教えるかという、まさに自分たちの問題なのですね。

**葛西**　一九九〇年、一九九一年というのは、私などは歴史的に見るのですが、一九二五年生まれの方ですと、ちょうど六五歳です。そして、私のいた新潟大学は六五歳定年です。一九二五年、一九二六年生まれの方はぎりぎり旧制高校の教育を受けていると思いますが、非常に皮肉なのは、旧制の方が定年退職したときに教養部もなくなり、新制教育を受けた方々と入れ替わった。本当に皮肉です。本当は反対でなくてはいけないのに。この時点で教養部はなくなったというか、多様化したと言えますね。まさに教養部とは何だったのかと考え込んでしまいます。

教養部では、カタとして教える、すなわち、これはリベラル・アーツであり、非常に限られた人たちを対象にした徹底的なトレーニングだったと思うのです。そういうものと、佐藤さんがおっしゃった、もう少し一般の学生に対象を広げて、量的に言えば、ですね。それから、カリキュラムに素材として現代のものを入れ、それからまた、応用というか、複合問題みたいなものを考えるとか。この二つのやり方は矛盾しないのですよね。

**佐藤**　しないと思いますけどね。

**葛西**　非常に限られた人に対して、ギリシア語やラテン語を教えていくというのと、他方は一般の学生、多くの学生にやはりギリシア語、ラテン語を教えていって、マスプロ教育をやるというのは、これは矛盾する原理ですよね。しかし、今先生がおっしゃったことと、古いやり方というのは、ある意味では共存できる。先ほど佐藤さんがおっしゃったハーバードの真ん中で教えられている先生は、彼らは若いときに徹底したトレーニングを多分受けさせられた。これは中等教育ぐらいからだと思うのです。そういう方が複合的な問題や現実的な問題に対してどんどん提言をしていると想像します。

理想論と言えばそれまでですが、それがなぜ、日本ではなかなかうまくいかないかというと、最初の段階の徹底的な「カタ」の修練が実はやられていないのではないかと。

もっと乱暴に言えば、非常に優秀な人間というのは世界中にいます。これは生物学の法則でどこにでもいるのですが、日本はほとんどそういう非常に優秀な、いわゆるエリート学生が、あの入試制度の中で非常に大量の知識を覚えるほうにその能力を費やしてしまう。それはたいへんもったいないと言いますか……。

**佐藤**　二重に崩壊が起こったと思うのですね。ちょうど一九九一年の設置基準の大綱化と同時に、一九九一年には第一四期中教審が高校の多様化をさらにやったのです。いわゆる選択科目がわっと広がった。理科などに至っては、一三科目中二科目とればいいという選択なのです。そうしますと、必須がほとんどなくなってしまう。現在の指導要領は必須科目でさえも選択必修です。数学に至っては二単位だけで卒業できる。そうしますと、理系に進学する学生はほとんど文系をやっていない。他方で、例の分数ができない大学生という問題が話題になりました。あれは文系の二つの有名大学なのですが、入試で数学をやっていないのです。だから当然なのです。そういうことが起こって、そういう大学だと、私立のいわば受験校では、数学など教えません。受験科目にないから。というように、まず高校段階で多様化と細分化と、それから大学で教養の解体が一挙に進行したのです。ですから、生物がまったくわからないまま医学部に進むような医学部生が、ドロップアウトすることがすぐ出たのですね。授業についていけない。化学も生物もやっていなくて医学部に入るのですから、これは当然ですよね。

**葛西**　それは一種の経済で言う規制緩和ではないけれども、自由に、なるべく選択の幅を広げようという哲学というか。

**佐藤**　それから、日本の大学の特殊性の一つに、たとえばヨーロッパは基本的には全部国立でしょう。アメリカも私立が多いようですが実は州立が八割なのです。日本の場合は八割が私立ですよね。生存競争で学生の取り合いになってしまう。そうすると、受験科目を少なくすればするほど優秀な学生が集まるのです。これで崩れたわけです。共通一次でそれにブレーキをかけようにも、共通一次そのものが多様化した高校に対応しなければいけないものですから、三七科目のような設定になっていて、その中で五つとかになりますから、もう機能しなくなる。つまり入試段階で、入試が詰め込みであるということと同時に、現在、教養教育の水準を維持できるような、あるいはコントロールできるようなスケールではなくなってきている。ここは今、早急に改善が図られていますが、このような問題が一つあります。

もう一方では、大学の場合は、最大の問題は、日本における大学の先生たちは、教師である前に研究者が多い。

**葛西**　そうですね。

**佐藤**　僕も自分が大学院教育をやっていますから、僕ははっきり院生に言うのです。皆さんは研究者養成だと思っているが、私は教師養成だと思っている。まず教師になってもらわなければ困る。その上で研究もやるのだと。順序が逆ではないと言っているのです。

**葛西**　教育学部では、その問題はなかなか複雑ですね。

**佐藤**　しかし、それをやらないと専門馬鹿しか育たないのです。そういう先生が大学に行きますから、教養教育などできっこない（笑）。ところが、最先端の研究者は皆、今、われわれで「どんな本を読んでいる？」と話をすると、八割は教育学以外を読んでいるのです。だから、完全に今ボーダーを越えているから、政治学の本も読んで、あれもこれもでしょう。そうすると、明らかに最先端の研究領域はボーダーを崩すのです。東大などでも見ていると、まず教育してほしいのは教養です。この土台がないと進まないのです。自然科学系は必ずしもそうではないと思うのですが、少なくとも人文社会科学で言うと、新しい教養が土台です。つまり専門を大切にすればするほど、教養が大切になってくるのです。そこがうまくつながるような。専門的教養と言ってもいいのかな。専門科目をやるときも教養に広がっていく、教養教育をやるときも専門とつながってくる。そういう学問の背景をつくっていかないといけないのではないかと思っているのですが、問題はやはり大学人自身が教養人ではなくなってしまった。

**葛西**　それを言われると……。

**佐藤**　職人になってしまったのです。

**鈴木**　学士課程教育の問題はまさにそこにあると思うのです。どの科目をとっても、自分の学部と違うものは教養の単位として認めるみたいな方式になっている大学があります。ところが、そこで教えられているものは、本当にミニチュアの専門なのです。それを自分で、つまり規定の単位をとる側である学生が自分で総合して教養を身につけろという、誠に無責任な体制ですね。

**佐藤**　結局それは大学の評価システムの問題ですね。僕はアメリカの大学院ないし大学教師に対する調査を見たことがあって、予想を絶していたのです。本当に一〇年前に見て、あっと驚きました。あの競争的に研究資金が配分されるアメリカで、半分の大学教師は一〇年間に一本も論文を書いていないのです。一〇年間に一本も論文を書いていないのに評価されているのです。なぜかというと教育をやっているからです。教師としての実績が非常に高いという。こういうことをもっと評価するようにならないと。

**葛西**　佐藤さんがおっしゃる点で二点、疑問があります。教育と研究、どちらが大事なのかという問いに対して、やはり教育が大事だと言った場合、それが現場の教員に対してやる気を起こさせるかどうか。第二点は、研究の評価は相対的に簡単です。文系はやや難しいですが、理系はある程度。ところが、教育の評価というのは非常に難しい。そもそも、私は教育を熱心にやれというときの議論を聞いていると、研究ばかりやっている人は教育をやっていないという暗黙の前提があると思います。それはおかしいですよね。

**佐藤**　それは逆です、確かに。

**葛西**　研究をやっている人が、教育をできないという実証例がもっとたくさんあれば納得するのですが、それは意外にない。

**佐藤**　おっしゃるとおり。

**葛西**　そういう批判をする人の中には、自分の受けた大学時代の講義のいい加減さというか、先生が講義を少しおろそかにしていたとか、そういう個人的な印象を一般化している人がいると思います。

もう一つの難問は、やはり教育の評価結果を、資金、それはつまるところ税金ですが、給付に連動させるかどうか。競争的資金の獲得を奨励する外国も、この点は慎重な態度をとっているかと思います。それを踏まえて、佐藤さんのおっしゃったように、僕はアメリカのことは本当によくわからなかったのですが、アメリカでは教育だけをずっとやっている先生が十分評価されている。一方、イギリスのよさはやはり、チュートリアルと呼ばれる徹底的な個人指導にあります。それから「先生」の肩書きの「レクチャラー(lecturer)」ですが、この人たちは論文を書かなくても、教えていればいいというので、その人たちが支えていたわけですね。それが今崩れてきて、研究重視になっている。

**鈴木**　あのイギリスでも。

**葛西**　あのイギリスでもそうなのです。そのことは人づてに聞いて、重々承知しています。ただし、日本では研究重視の議論だけが一人歩きして、教育評価に対する資金配分への慎重な態度の面はあまり知られていません。

**佐藤**　おっしゃるとおりです。実際には研究している人が教育にも熱心なのです(笑)。

**葛西**　確かに、研究している先生は、学生に対する刺激がありますね。

**佐藤**　というか、これは個々の教師の問題ではなくて、システムの問題だと思うのですよ。なぜ日本の大学教師が研究重視になってしまったかというと、何よりも研究予算も教育予算も少なくなってしまったという予算上の問題ですよ。だから、僕はよく皮肉を言うのですが、日本の研究は世界的に見て水準が高いではないですか。予算の供与が少ない割には。これはひとえに学生と家族を犠牲にしているからね。三つめは健康を害して犠牲にしていますからね。

**葛西**　理系の先生は、はっきり学生を犠牲にしていると言いますね。

**佐藤**　学生を犠牲にし、家族を犠牲にし、自らの健康を犠牲にしてもっている大学です。だけど、これをこのまま続けている限り、絶対に教養教育などできないのです。だから、教養教育に関して必要なのは、アメリカの教育を見てみますと、教養教育に熱心なところに州の予算をどんどん入れているのです。それから、研究のところは外部資金で競争的に集まってきます。だから、どこにきちんと厚くお金を投与して、そういう条件をつくるかというところが問題だと思うのです。われわれ大学人は今まであまりにも受身で、きちんとそういうことを要求してこなかったと反省しているのです。

## 三　高校教育と大学入試

**葛西**　もう一つの問題は、科目の数を増やして選択の幅を広げるために、結局、先生のおっしゃる教養というものが大学院になってから必要になるような、笑い話のようなものですが、それをちょうど議論をするときの比較の対象が、これまたイギリスです。これも先生ご存じのように、あそこは大学に入るときはAレベルという試験がありまして、あれは科目数でいうと六〇科目くらいあるのです。ただ実際には選択する科目に大きなばらつきがあり、たとえば、「日本語」という科目をとる学生は非常に少ないですから、大多数の学生が選択する科目の種類は大体決まっています。また科目の出題範囲もかなり狭い。狭いどころか、歴史などですと、たとえば、ある年は一七世紀中盤から一九世紀初頭まで、という話です。しかし、つまり狭くて選択が広いということが、われわれが今議論している教養のなさということには直結しないわけです。そんなことを言えば、ギリシア語など本当に限られたことをやっていることになります。そうすると、問題は、科目を増やしたということよりも、やはり入試とも絡んだ、あの非常に大量の、ほとんど価値序列がないほど、たとえば世界史ですと、古代エジプトから現代の問題までの知識を尋ねるというような入試とセットになっている教育システムがやはり問題なのかなと。とにかく大量に覚えるということで。

**佐藤**　おっしゃるとおりです。広く浅くなのですね。

**葛西**　そうならざるを得ないですよね。

**佐藤**　それで、大学入試が終わったら、三ヵ月もすれば半分以上忘れているというようなね。

**葛西**　広く浅くであり、かつ科目数が増えてしまうと、手に負えないですね。

**佐藤**　ヨーロッパの場合には、アメリカもそうなのですけれども、コンセンサスがあると思うのですよ。高校卒業までに、ある種、社会的自立に必要な教養のミニマムをちゃんと付けるというコンセンサスがあるでしょう。日本はどうもその辺が怪しいのですよ。そこまで自覚してやっていないという気がするのです。入試のほうで覆い隠されていますから。親の意識も子どもの意識も、中学生のときに高校受験をどうするかということに対応しているのです。高校受験などアメリカにもヨーロッパにも基本的にはありません。

**鈴木**　その辺の制度的なゆがみが、やはりかなり大きな影響を持っていますね。高校の話も出ましたけれども。たとえば推薦入試がこんなに広がりましたけれども、推薦入試で入ってくる学生は、その期間、カタとか、方法論とか、本当の意味での教養の教育を受けてきているかが問題ですね。

**葛西**　受けていればいいのですけどね。

**鈴木**　そうですよね。

**佐藤**　やはり高校が変わらなければいけないですよね。小中学校は今すごく大きく変わっていると思います。ディスカッションの方法、調査の方法が学びの中に入ってきている。問題は高校でしょうね。一斉授業だけで、ただただ受け身で、テストでやって、四割の生徒が学校外で学習時間ゼロ。

**葛西**　街でお昼過ぎにもう姿を見ますものね。電車に乗っていると、お昼過ぎに高校生がたくさんいますよね。

**佐藤**　そのあたりを大学とつなげていかないといけないのではないですかね。

**葛西**　なるほどね。それで、その問題に入るもう一つ前に、試験なのですけれども。試験ということで言えば、アメリカには入るときのSATですか。

**佐藤**　SATですね。

**葛西**　それから、イギリスで言えばAレベルとか。フランスはバカロレアですね。むしろ日本以外の国のほうが、割にきちんとあります。ところが日本は、試験、試験と言うのですけれども、その試験というのが非常に、よく言えば柔軟、悪く言うと無秩序で、しかも試験なしでも入れるという意味で、カタという話に少し引きつけ過ぎかもしれませんけれども、意外に日本は試験が機能していない。

これとちょっと関係しているのが、教育学者である先生に伺いたいのですが、浪人というのは、基本的にはヨーロッパはあまりないと思うのです。これと対照的に、日本では、たとえば司法試験ですと、昔は一〇年かけてやるとか。今度の司法試験改革により三回に制限しましたが。今、浪人は減っていますが、まだありますよね。このことと、先ほど言った試験が、よく言えば柔軟、しかし悪く言うとあいまいなことと関係があるのではないかと思います。

**佐藤**　実際問題、大学入試の、現実にはご存じのように、三分の一は推薦で入ってくるのです。三分の一は試験をやっているけれども、ほとんど全員合格。そうすると、実際には大学入試は三分の一しか機能していないのです。そのときに、高等教育に進学する生徒たちに一番基本となるようなトレーニングとか、あるいは教養の水準を維持しようとすると、今の試験制度を変えなければいけないと思うのです。今はセンター入試というのが入学試験になりますので。僕はむしろ高校の修了試験。修了資格というものを、高校の先生たちにも加わってもらう。むしろ高校の先生たちによって問題を作成し……。

**葛西**　今は加わっていませんか。

**佐藤**　全然加わっていません。

**佐藤**　大学の教員でやっています。ですから、その試験結果を大学の採用する側がどう利用するかは、各大学の自由でいいと思うので。むしろ高校の先生たちで自分たちの修了段階での基準なりを作成し、教育のあり方をテストによって絶えず検証していくというシステムにしたほうが、おっしゃるとおりいいと思うのです。そうしないと、入試だけで今までコントロールしてきたけれども、ほとんど機能していませんので。

**葛西**　まさに高大接続という話になると、特に私の場合、文系における高大接続という問題に関心があるのですが。先に佐藤さんに教えていただきたいのは、やはり高校の先生になる人と大学の先生になる人が、基本的には分かれていますよね。これはどうしようもないのですか。

**佐藤**　たとえばフランスなどに行きますと、いまだに高校のリセ(日本の高等学校に相当する)が大学の先生と同じぐらい威張っているのですよ。

**葛西**　同じアグレジェ(教授資格)というので。

**佐藤**　同じように権威を持っているのです。そのように高校自体の教師の知的権威とか、あるいは発言権などを含めた身分制が絶対必要だと思うのです。あるいは交流ですとか。

**葛西**　東京大学や京都大学の教育学部は学校の先生はつくらないというように、私は理解しているのですが。

**佐藤**　もともとはそうですよ。しかし、最近少しずつ変えているのですよ。

**鈴木**　研究者をですか。

**葛西**　中学や高校の先生になる人は、いないのでしょう。

**佐藤**　いや、ところが実際には、戦後すぐか何かに、毎年百何十人教師になった、大量に教師になった時期があるのです。

**葛西**　教育学部からですか。

**佐藤**　いやいや、東大全体から。

**葛西**　いや、私が申し上げたいのは、たとえば、新潟大学には教育学部があって、これは基本的には小中高の先生を養成します。だから同じ教育学部でも二つのタイプがあると思います。

**佐藤**　これは日本だけですね。だから、僕は明治以来だと思っているのです。教員養成の大学と……。

**葛西**　それは昔の師範学校ですね。

**佐藤**　師範学校系列と研究中心のものと、はっきり分けていません。これはずっと戦後も基本的にあまり変わらないということです。ここはもう制度疲労を起こしている。たとえばハーバード大学の教育学部の大学院生というのは、半分以上は教師になっているのですよ。研究者にもなりますけどね。ですから、どの大学に行っても、第一線の学問的な大学から教員養成もやっていかないといけないのです。

**葛西**　アメリカの教育学部というのは、いわゆる日本の専門職大学院的で、何かたとえば生物学をやった人や、文学をやった人が一、二年行って、マスターの学位を取得する。イギリスもそうだと思うのです。日本だけが旧師範学校がそのまま教育学部という大学の中に入ったわけですね。

**鈴木**　新潟大学の大学院で教育学の博士号を出すように改組したのです。文部科学省に折衝して。旧帝大以外で初めて獲得したわけです。こういう動きがもっと広がらなければいけないと思うのです。やはり教員養成と研究者養成と、あまりにも二分してきた。両方やっていかないと駄目なのではないかと思います。それから、PhD．と言うか、博士号を持った人がどんどん高校の教員になっていったらいいと思うのです。

**佐藤**　おっしゃるとおりです。日本の教師の問題で言いますと、一九四七年にそれまで中等レベルであった教員養成を一挙に大学レベルに上げたのです。これはものすごい英断だったと思うのです。そのときはリベラル・アーツによる教師教育を謳ったわけです。ですから、学芸大学がスタートしたのはそういう理由です。師範学校を否定したわけです。ところが、この問題は複雑で、その当時、アメリカが一六州しか大学で教員養成をやっていないのです。

**葛西** そうなのですか。

**佐藤** それ以外の州はハイスクールレベルでした。ヨーロッパは全部中等教育レベルでした。そう考えると、日本は戦後ものすごく高い教育歴を教師に要求したのです。ところが、一九七〇年代に、アメリカもヨーロッパも全部大学レベルの教員養成に到達するのです。現在は大学院における教員養成です。ですから、完全に抜かれてしまったのです。日本の場合はいまだに小学校は修士号を持っている者は二パーセントです。高校でも非常に少ないです。

**葛西** 高校でもですか。

**佐藤** 高校でさえ一〇・六パーセントです。

**葛西** 博士号になると本当に少ないでしょう。

**佐藤** もう少ないですね。ですから、修士と博士の数を実際見ましても、現在見る日本の教育学修士の数は欧米と比較すると、向こうは人口比で四倍ぐらい多いのです。それだけ教職にどんどん浸透していったわけでしょう。日本はものすごく遅れているのです。だから、全体の教師の教養レベルを上げていくことを大学が責任を持ってやらないと、教養教育全体が機能しないだろうと思います。

**鈴木** 地方自治体の関係もあると思いますけれども、その意識についてですが、本当はこちらからアプローチして変えていかないといけない。

**葛西** 私も新潟大学に長く勤務しておりました。そこでつくづく感じましたのは、地方でこの一〇〜一五年ぐらい前から、東京の私立大学にもかなりの層が自分の子弟を送り出せるようになりましたけれども、それまでは、地方に住んでいて自分の子どもを東京や関西の大学に送り出せる親というのは、はっきり言えば、医者、それから親が学校の先生の場合が多いです。大体、学校の先生はご夫婦とも先生という場合が多いのですよね。それぐらいの収入がないと無理なのですよ。私が何を言いたいかと言いますと、優秀な向学心を持った子は教育学部に来ているのです。この子たちがその後、文学部を出て、修士号を取ったり研究者になったりというのは最近までは結構ありましたよね。

**佐藤** 地方大学の持っている潜在的な能力や役割はものすごく大きいと思うのですよ。だから、社会全体の教養水準、教養というのは社会の血液ですよね。この教養が切れてしまうと、血液が流れなくなる社会になって死に体になってしまいますよね。その一番の中心になっているのは地方の国立大学だし、中でも教育学部だと思うのです。

**葛西**　教育学部の役割は本当に大きいと思います。

**鈴木**　家庭の中ですでに教養教育が始まっていますからね。親がいい例を挙げればいいのですが。

**佐藤**　先ほどからこの教養のカタの問題をずっとおっしゃっている。どこから始まるかといつも思うのですが、あいさつから始まる気がするのです。「おはよう」というあいさつ、つまりコミュニケーションで、お互いがフェース・ツー・フェースで気持ちよくあいさつができる。そのうちに今度は対話的な議論ができる。質問ができて、議論ができる。それから、多様な意見に対してtolerantであり、またそれらをひっくるめて教養で学び合いができるとか。さらにわからなかったことがあれば、調べていって道を開く。こういう一連のものが全部成り立っているわけでしょう。そういう部分を子どものときからしつけていかなければできっこないので、今の学生たちというのは本当にそういう訓練ができていないのです。

**葛西**　アルバイト先で訓練を受けているのですよ(笑)。おもしろい日本語をしゃべるし。

**鈴木**　先ほど先生が、小学校、中学校はかなり改革が進んでいる。高校がまだ、とおっしゃったのですが、日本政府は高校のそういう問題について、どの辺まで今踏み込んでやっているのですか。

**佐藤**　これは非常にやりにくいのです。つまり、高校というのは義務教育ではありませんので、都道府県教育委員会の管理なのです。ですから、国がどこまで口を出せるかというと、ますます難しくなってくるのです。ただ、文部科学省は、そんなこと言わないで、国のスタンダードをどんどん積極的に出していったほうがいいと思うのです。当然、指導要領はつくっていますしね。しかし、いざ実施となると、やはり都道府県教育委員会になるのです。

**葛西**　国立の高校は少ないですよね。

**佐藤**　地方の都道府県教育委員会というのは、東大に何人通るということぐらいしか考えていませんから、教養教育をどう充実するかという発想はないですね。

**葛西**　私どものグループで、先生もご存じでしょうが、名古屋の郊外にできた海陽学園というところに設立前にちょっとお邪魔したのです。

**佐藤**　行かれたそうですね。

**葛西**　はい。ちょうどそれから二年経って、一期生が今、中学二年です。来年中三。そして中高一貫校です。生徒さんがどういう人生選択をしていくのかということに興味があって、これが、当然優秀な生徒であれば進学校を目指すと。しかし、一方で海陽学園は、理念としては日本の教育に対して批判をしてきたわけで、これが東大に何人受かりました、京都大学に何人受かりましたという話では、「それ見たことか、やはり目指しているものは同じか」ということになります。

私が言いたいのは、かといって、では、アメリカに行くのかと。たとえばＭＩＴに行くのか、という話になってしまう。それがまたいいのかどうかわからない。でも、そういう危険性というか、可能性はありますね。なぜそうなるかというと、日本の受験システムを選ぶか、海外を選ぶかというのは、かなり大きな人生選択になってしまうと思うのです。それでもう人生が決まってしまうわけです。そこを何とか軽減をすることはできないのかと考えるわけです。つまり、向学心があって熱心な生徒が、もう少し余裕、余裕というのは能力的な余裕というより、選択の幅として、日本と日本以外の大学ないし高等教育機関を考えうるようなものを、あの学園がせっかくあそこまでいろいろな準備をしてやられたのならば、考えないといけないのではないかという関心を持っています。その場合、高校の中に年数として一年増やすのがいいのか、あるいは現在の高校の先生とは違ったタイプの先生を採用していくという、たとえば海外での経験がある先生を入れていくなり……。もちろん外国人の先生は採用しているらしいのです。ただ、結局、日本人が海外の先生を入れるというのは、英語の先生なのですよね。

**佐藤**　外国語ですね。

**葛西**　そうすると、やはり佐藤さんがおっしゃるように、高校を変えるというのはいかに難しいか。

**佐藤**　難しいですね。

**鈴木**　私立高校なら可能性がありますね。悲しいかな。

## 四　再び大学における教養教育へ

**佐藤**　たとえば、ＩＣＵがかなり成功しましたよね。あの成功を見ていると、あれは教養教育でしょう。徹底した教養教育が高校生たちに支持を得ているのです。一九九一年の前の段階でも、教養学科、埼玉大学にあったでしょう。ああいうところが非常に高い率で学生たちを集めているのです。今、一方では自己決定とか自己選択という多様性の時代と言いながら、優秀な子は逆に自己決定を保留している。早々と決める子というのは、ろくなものではないです。ある意味、危険なのです。

あるいは、自分の子どもなどを見ていても、じれったいぐらい自己決定を留保しているのですが、これも一つかなと思いますね。もっと世界をよく知ってとか、根本的に物事をよく考えた上でというようなね。この辺をうまくつかんだＩＣＵの挑戦は、私立大学ですが、かなり広まっていく可能性はありますね。だから、質の高い教養教育というものを一方で保証する。それから、もう一方では、今のままでいきますと、確かにおっしゃるように、アメリカというのは教養教育はお手の物でしょう。

**葛西**　それはお手の物ですね。

**佐藤**　そういう強いところに分校か何かをどんどんつくられたら、たまらないでしょう。そちらへみんな行きますから。そういう競争力を持つような教養教育を、日本の大学らしい教養教育を今ならまだつくれると思うので、探っていかないといけないのですね。

**佐藤**　日本の場合難しいのは、アメリカの場合はトップに行けば行くほど、カリキュラムが多様なのです。割合、コミュニティスクール、カレッジのようなところは、教養教育、市民教育になっている。ここの先生たちはリベラル・アーツの先生たちが多いのです。ところが、日本は逆で、トップに行けば行くほど割合、教養教育を重視しているのですが、下になればなるほど多様化してしまって細分化してしまっているのです。そして、おっしゃるように職業学校化しているのです。この仕組みをどうやって変えていくかということは、やはり一筋縄ではいかないと思います。

**葛西**　非常に多様な現実の中の問題を切り取ったような形で授業をしていく。授業の素材が新聞とか、最近ならインターネットも用います。あれは活用の仕方に問題があると思いますが。とにかくものすごく多様な連関の中で、あるところだけを切り取る。それに対して、コメントを自分で何らかの形で言わなければいけない。それもまた違うのから切り取ったところからやっていく。教育の内容が、モザイクのモザイクみたいな形になってきている。

**佐藤**　現代的課題における「知の総合」のようなことだけでやってしまうと問題です。知のモザイクになってしまって。たとえば社会学にしろ、政治学にしろ、その考え方は、アリストテレスも読んでいなければ、何もわからないでしょう。

**葛西**　最近ではアリストテレスという言葉を出すだけで拒否反応が出ます。「アリストテレス、それは西洋の話だ」という反論がすぐ出ますよね。私などはギリシアびいきだからかもしれませんが、どんな専門の人でも知っていておかしくない。

**佐藤**　絶対知らなければ、むしろまずいですよね。社会が見えないから。そういうようなことがたくさんあると思うのです。そういうところを、僕はあまり「これが教養の基礎ですよ」と言われるより、今回、鈴木さんや葛西さんがみなさんと一緒にやられていたような、まず大学の教養教育の教科書をつくろう、こういうもののほうが具体的でいいなと思っていますが、その教材を期待しているのです。

僕は東大出版会の理事もやっていまして、学術ではなかなか難しいということを、よく言うのですが、調べてみると、なんと一番のベストセラーは、斎藤正彦さんの『線形代数入門』というテキストなのです。これはなんと五十何刷なのですよ。

**葛西**　東大出版会で『線形代数入門』。

**佐藤**　そうそう。だから、『知の技法』なんて目じゃないですよ。実際、社会においても、学生たちにも、教える側も、何か教養の核になるようなテキストを求めているのではないかと思いますね。それはすごい実感で。どうも大学におけるテキストづくりからスタートするのは一つの力になると思います。

**葛西**　何か課題を投げかけられましたね。

**鈴木**　稔りの多いひと時だったと思います。今日はありがとうございました。

# イートンから海陽へ

中島　尚正
佐藤　彰一
葛西　康徳

ロンドン、ヒースロー空港の近く、ウィンザー城に隣接して、かの有名なイートン・コレッジ（Eton College）はある。一四四〇年、ヘンリー六世によって創立されて以来、パブリック・スクールの、そしてまたエリート教育の代名詞のような存在として、世界中に知られている。生徒は一三歳から一八歳である。二〇〇七年八月二二日、「教養教育の再構築」のメンバーを中心に、私たちはこの伝統校を訪問した。夏休み中のため日常の授業風景や暮らしぶりを見ることができなかったのは残念であったが、リトル（Little）校長とファッシー（Fussey）先生のアレンジによって、校内をゆっくり見学でき、また興味深い説明を聞くことができた。

たとえば、King's Scholar と呼ばれるイートン校創立時の生徒数と同じ、約七〇名の生徒はいわば特待生として、授業料等一切無料であり、今も本校の中で生活する。他方、それ以外の生徒はイートンの町に点在する「ハウス」と呼ばれる寮に分かれて生活をし、そこには「ハウス・マスター（寮長）」がいて、勉学と生活一切の面倒を見る。彼らは「高い」授業料を払う。ハウス内の先輩後輩関係とハウス間の対抗試合などによって、ハウスの一体感はいやが上にも高まる。

もう一つは、生徒たちが自主的に組織運営する（日本で言えば）「部活」に相当するSocietyの多様さと質の高さである。音楽、演劇など芸術分野はロンドンに近いという地の利で、「世界水準」に「格安」で接することができる（コレッジのホールなどでの演奏会）であろうし、各学問分野ではオクス・ブリッジから先輩が「ただ」で講演に来てくれる。何より驚いたのは、（これまた先輩が多いのかもしれないが）、政治家を招待して、校内でディベイトを行うことである。確かに、これでは早熟ではあっても伸びない生徒をつくる危険性は大きいとは感じたが、しかし、このようなものが皆無である日本の現状はやはり深刻だと思う。

ところで、今回のイートン訪問が夏休み中であるにもかかわらず実現したのには、わけがある。まず、私たち訪問団の一人、クリストファー・エヴェレット氏（Christopher Everett）はかつてトンブリッジ・スクール（Tonbridge School）の校長を長く務め、同じ英国校長会議のメンバーであるリトル氏と親交があった。ちなみに、エヴェレット氏自身は、これまた名門ウィンチェスター・コレッジ（Winchester College）からオクスフォードのニュー・コレッジ（New College）で古典を学び、卒業後、外交官、そして前記校長を経て大和《だいわ》日英基金（一九九八年、大和證券株式会社の寄付により設立された、日英の文化学術交流の支援を主たる目的とする、英国の非営利団体）事務総長を歴任した。また、前記ファッシー先生は、最近まで日本のある新設校に、英語教師でも、サッカーやラグビーのコーチとしてでも、普通の科目（生物学）の先生として派遣されていた。その新設校とはどこか。

# 海陽学園創設の思い

葛西　敬之

最近、子どもたちや若者たちについてさまざまな問題が顕在化している。それを類型化すると、第一は学力低下、第二は考える力の低下と、その結果としてすべてに対する受動的で無関心で無気力な姿勢、第三は人間関係の不適合といったことに要約される。

これらの問題は何に起因するのか？　さまざまなことが言われるが、私は過去六〇年間文部科学省を頂点とする教育界が行ってきたさまざまな実験がことごとく失敗してきた結果だと思う。

教育の目的は、「学び、思い、行う」という三つのバランスを備えた健全で正常な人間を育てることである。

「学ぶ」ということは、大学を卒業するくらいまではすべての基礎となる知識を必要十分に身につけることである。「勉強する」という言葉通り「強いて勉める」ことであり、決して楽しいことではない。教育の専門家は、「学問の楽しさを小学生から教えよ」と主張するが、「読み、書き、そろばん」という言葉に要約されるように、基礎の習得というのは反復練習により体得するものであり、それができて初めて学問への好奇心が生まれうる。「知る者は好む者に如かず。好む者は楽しむ者に如かず」というように、学問を楽しめるのはすべてを修めた者だけである。

次に「思い、行う」ということは、自分の目でものを見、自分の頭で考え、行動することである。苦しいけれども基礎を勉強し、得られた知識に従って、自らの頭でものを考え、そして人と共に行動するという過程を通じて、子どもたちは自立した好奇心に目覚め同時に健全な社会性を身につけるようになる。これは人類の歴史の中で古来変わることのない教育のプロセスであった。

ところが、二〇世紀後半になって、人間は世を挙げて自己喪失に陥り、いたずらに新奇を追うことを創造的であることと取り違え、それが「子どもの主体性に任せた勉強をさせよう」という考えになり、「ゆとり教育」の失敗につながった。「学問に王道無し」と言うが、戦後の日本の教育改革は「王道」を求めて失敗したのだ。3E（Enthusiasm, Endurance, Energy）が教育者に求められる資質だと言われる。私たちを教えた教師たちにはそれが感じられた。左翼的平等主義が教師に浸透し3Eが失われていく中で、子どもたちは学力を補うために塾へ行かざるを得なくなった。その結果、子どもたちは学校で拘束され、塾で拘束され、友達と遊ぶ時間はなくなった。遊ぶ友達もいない、両親は働きに出ている、祖父母は離れたところにいるというように、人間との接点がきわめて限られた生活を強いられるようになり、人との共同生活を通じて体験的に身につけるべき人間関係の知恵が身につかなくなった。また、学校と塾の両方で時間をとられてしまうため、自由な読書の時間も空想をめぐらす習慣も失われていった。パソコン等のバーチャルな世界で、安易だが程度の低いレディーメードの画像が、高度な空想力やイマジネーションの代用品として能力を蝕んだ。現在の子どもに関するさまざまな社会現象は、こうした実情から発生してきたと思料される。

最も有効な解決策は文科省を廃止することかもしれない。これまで教育を悪化させてきた当の責任者に任せている限り、教育の抜本的改革などできるはずもないからである。しかし、それはあたかも議論百出の中で百年河清を待つようなものである。それよりも自分たちでできることを、志を共にする少数の人間で実行してゆく、一粒の種を撒いてその波及効果を期する、というミクロからのアプローチもあると思い至った。その成果が海陽学園である。そのコンセプトは「原点に帰る」ことにある。すなわち効率的に基礎学力を叩き込むことにより、自由時間を確保する。そして、全寮制により共同生活を濃密に体験させることであった。

これらを充足する解として思い浮かべたのが、イギリスのパブリック・スクールのような全寮制の男子校であった。トヨタ自動車、中部電力と意気投合し、当社（JR東海）を含めた三社が中心になって働きかけ、さらに多くの日本の代表的企業から支援を受けて、海陽学園はスタートした。海陽学園には、多くの企業がサポートしているという利点を生かした独特の制度としてフロア・マスター制がある。一寮六〇人、各フロア二〇人からなる寮生活における生活指導は、一人のハウス・マスターと三人のフロア・マスターで担当する。フロア・マスターとは、学校を支援している一流企業が独身男性社員を一年間だけ学校に派遣し、一人のフロア・マスターが一フロア二〇人の生徒を指導する仕組みである。ハウス・スタッフは子どもたちがいる学期中は一緒に生活して、生活の規律や礼儀、学習の手助けなどさまざまな面で子どもたちの面倒をみる。同じ年代や先輩・後輩という仲間がいると同時に、ちょうど年齢的に親と自分たちとの中間にいる先輩が一緒に生活し、さまざまなお手本になり、相談にのってくれるという海陽学園独特の仕組みの中で、子どもたちが人間関係の知恵を身につけていくことができればと思っている。

他方ではイートン校と同様、習熟度別の授業を徹底し、ホームルーム制を細分化して一人のチューターが一〇人の生徒を受け持つ制度とする。各人には各様の能力があり、その能力を最大限度伸ばすために徹底的に競わせる。競わせた結果、自分の能力の方向と座標が自覚される。これからの人生をどう生きようかという考え方が生まれてくる。

われわれの学校はまだ始まったばかりであるが、そのやり方はすでに実証ずみのものである。今年四月で三年生までそろうが、さらに三年後には一学年一二〇人、全校で七二〇人の生徒と、ハウス、スタッフ、教員の学校ができあがる。それは家庭であり学校であり塾であり、そして小さな社会でもある。そこでは、今の世から失われつつある学習のやり方と対人関係の体験を与えてあげたいと思う。

# 海陽学園訪問記

中島尚正・佐藤彰一・葛西康徳

二〇〇六年四月、三河湾に臨む、愛知県蒲郡市海陽町に「海陽中等教育学校」が開校した。一学年一二〇名で(完成年度六学年総数七二〇名)、現在中学一、二年の合計二四〇名が学んでいる。イートンをモデルに、日本の新しい「リーダー」を養成することを目的に設立された全寮制中高一貫(一三―一八歳)の私立学校である。この学校の最大の特徴は、全寮制でかつ各寮に寮長(ハウス・マスター)がつくのみならず、各寮棟の各階(廊下)ごとにフロア・マスターが生徒と寝食を共にすることである。このフロア・マスターは各協賛企業から派遣されている入社して間もない若手社員である。このようにしていわゆる勉強以外のケア、いわゆる「パストラル・ケア(pastoral care)」が図られている。

二〇〇五年一一月初旬、私たちが初めて訪問したときはまだ建物が建設中であった。二〇〇七年一一月中旬、二度目の訪問をして設計図から原寸大の建物やグランドを見て、その大きさにまず驚く。とても全校生徒七二〇名とは信じられない。もちろん単にサイズばかりではない。玄関の照明から始まって、大きく膨らんだ屋根の食堂ホール、廊下の幅、そしてご自慢の寮、私たちが宿泊したゲストハウスなど、感動したものは枚挙にいとまがない。さすがに日本、いや世界をリードする日本企業がサポートしているだけのことはある。しかも、決して華美ではない。ご興味のある方はぜひ一度訪問されたい。しかし、まったく違和感はなかったかと尋ねられると、いくつか感じたことはある。まずハード面に関して。

イートンをはじめとするパブリック・スクールやオクス・ブリッジのコレッジと比べてみて、対照的な点がある。それは古さとか歴史ということではない。イートンだって、「新設」されたときがあったのだから。両者の根本的な相違は、建物の大きさである。確かに、クライスト・チャーチ（オクスフォード）やトリニティ・コレッジ（ケンブリッジ）など、大きな建物のコレッジはある。しかし、一般的に言って、庭は大きくても、建物（食堂、コモン・ルームなど）は比較的小さい。しかし、生徒がお互い肩を寄せ合わないと入れない「狭さ」こそ、コレッジの真骨頂であるように思う。ただ、やがて七二〇名になると、海陽の食堂も狭苦しく感じるようになるかもしれない。

次に、ハード面で気がついたのは、教員の部屋である。いわゆる職員室はあっても各教員の個室ないし教科ごとの部屋のようなものがないように見えた。確かに、英国でも各教師は大学教員のような個室研究室は持っていないように思うが、教科ごとあるいは教科主任には部屋が割り当てられているところがある。

さらに図書室およびその蔵書である。在校生は中学二学年分なので、比較的閑散としていたが、今後どのようになるか本当に興味がわく。というのも、中等教育の学校の図書室は何を蔵するべきかについて、日本ではほとんど議論がなされていないからである。もっとも、日本の大学図書館ですら、充実しているところは少数であると言わざるを得ない。次に、ソフト面。

海陽の職員、特にフロア・マスターのユニークさについてはすでに述べたが、それに対して教員はどうであろうか。海陽設立時、教員免許の壁に泣いたと聞く。つまり、一般社会人から広く人材を登用しようと試みたが、(当然のことながら)彼らは中高の教員免許を有していない。実際、大学の教育学部以外の出身者が教員免許を取得することは、最近ますます困難になってきていると仄聞《そくぶん》する。もちろん、今回の訪問で授業参観させていただき、海陽の先生方が優秀で教育熱心であることは確信したが、それとは別の問題として、教員のバックグランドの多様性をどのように確保するかは、重要な問題であろう。その意味で、すでに述べたファッシー先生のような先生は貴重である。

教員のバックグランド、個室、図書室(の蔵書)などの問題はすべて、中等教育機関としての海陽が何を目指すかという問題に収斂する。確かに、筆者は大学(高等教育機関)の目から海陽を眺め過ぎているのかもしれない。しかし、海陽が範と仰ぐパブリック・スクールはそれ自体が目的であって、そこで教育は完結しており、決してオクス・ブリッジへの準備過程ではない。現実には、毎年何人オクス・ブリッジに入学したかが、教師や父母の最大の関心事であったとしても。そして、このパブリック・スクールの教育目的とは何かという問題は、「教養教育」に関心を有する者すべてにとって、決して避けて通れない問題であることを痛感した。

イートンと海陽を比較するのは、日本と英国を比較するのが困難であるのと同様に、決して容易ではない。ただ、英国社会の中で「イートニアン」が一見して見分けがつくと言われるように、海陽の卒業生が一見して他の学生と見分けられるような「カタ」を六年間に習得して、世界に羽ばたかれんことを心より期待したい。

# ハーバード・カレッジの教養教育

久保　正彰

一九四九年、私がハーバード・カレッジの一年生になったときから五三年に卒業したときまでの教養課程が、どのようなものであったかということをお話し申し上げたいと思います。

基本方針から言うと、全学年の一貫性、全教官の担当、全学部開放という三つの事柄が、そのままにハーバードの、その頃ジェネラル・エデュケーション（General Education）で言われていた、基本方針でした。つまり、全学年一貫ということは、学生が一年生から四年生になるまでのことですから、一人の人間としての発育には目覚ましいものがあります。

たとえば文学史などは、普通日本の大学では一年生のときに聞くことが多いのではないかと思いますが、古典学専攻の私どもの場合には、それは四年間を通じての最大の課題でした。それは、具体的にはギリシア語・ラテン語で全文学作品を読み、自分としての古典文学史をつくり上げるという途方もないことでありまして、死ぬ思いで読みました。これはいわば人間として学生の成長・発達をフルに認めた態度であろうかと思います。

それから、全教官担当というのも、制度としてそうであったというのではなくて、General Education に特に熱心な幾人かの先生が、「これは大学の問題なのだから手伝ってほしい」と、一生懸命に説得し、他の先生はその説得に応じても応じなくても差し支えないわけですが、それは個人的にその問題をどれだけ深刻に受け止めているかという度合いによって、その方針に協力する。別に度合いを測るわけでもないのですが、その度合いに応じて、General Education に加わっておられました。中には絶対反対という有名教授もいました。ハーバード・カレッジは単一カレッジで一学部です。全体が教養大学みたいなもので、イギリス人やドイツ人に言わせれば、教養学校だからそれでいいのだ、という意見もありました。今の日本の総合大学の巨大化した機構とは違い、小さなこぢんまりしたものでした。今でもその形を続けているようです。

そのように、日本の教養教育との共通点もあり、違うところもありました。

＊

新制大学が設立されて以降、旧制大学と並走したまま移行していった時代に、旧制のほうは自然消滅していくという形で日本の新制大学が始まりました。旧制高校を幾つか合わせて統合したり、格上げしたりして、新制大学を出発させたわけです。

その際、東京大学が諸大学のお手本になったということが、非常に不幸なことでありました。キャンパスが別々で、教養部門と専門部門が非常に居心地悪い形で、同居ではなく「別居」で、つまり結婚はしていないのだがつながっているという形で発足したことが、もしかしたら、その後の教養教育の発達に大きな影響を及ぼすことになったのではないでしょうか。「教養」と「専門」は、健全な家庭とはどうあるべきかを度外視して同棲することになりました。今直面している問題と、それは少なからず関係しているのではないかと思うのです。

やがて、教養学科という学部として成り立たせしめる、つまり卒業生をつくるための教養学科という学科がそこに設置され、さらに新制大学院の設置とともに教養学科の大学院がそこにつくられるという形態になりました。こうなれば二世帯同居家族にも似てまいります。

私が東京大学に最初に奉職したのは、教養学部教養学科の助手としてでした。昔のことですが、断片的に、新制大学の生い立ちとはその辺で触れ合うことになりました。私は、日本の大学についてはその程度のことを、しかも卒業して何年も経ってから学んだ者なのですが、ハーバードの場合は少し様子も勝手も違っていました。

ハーバードでのカレッジ教育が、大学存続の問題と深く絡まった問題として浮上してきたのは、実に第二次世界大戦後のことでした。第二次世界大戦後、アメリカという国は、否応なしに世界の主役を演じるところに身を置いてしまいました。大勢の兵士たちが世界中のあらゆるところに派遣され、そこで死んだ人もけがをした人もあり、無事に帰った人もいる時代でした。

また、マーシャル・プランという大々的な海外援助計画が施行されて、アメリカの対外政策は、少なくともヨーロッパでは成功を収めつつあった時代でした。それまでの多くのアメリカ人は、「アメリカって何」と問われても、「別に何だっていいじゃないか」というような顔をしていたり、また外から見れば太平洋の大きな島をぶんどっている幸せな人たちのように思われて、自分たちもそう思っていたかもしれません。しかし、私たちが大学一年生になった頃というのは、世界の歴史の中でどうあるのが自分たちとしてよいあり方だろうかということを、初めてアメリカ人が真剣に考え出した時代でした。

アメリカには Phi Beta Kappa Society と言われる、全米カレッジ卒業者だけによって組織されている会があります。私たちの卒業した一九五三年に、たいへん有名な先輩が招かれて次のような話をされましたが、それは今申し上げた背景に根ざしています。「われわれが目指しているのは西へ西へのフロンティアではなく、歴史に深く根ざしたわれわれ自身の姿の把握である。それが新しいハーバード卒業生が見つめて進んでいくべき道だ」と、そのとき言われたことを覚えています。私どもが過ごした四年間は、まさにその問題が、仲間たち、先生たち、あるいは先生と学生たちの間で何回となく語られてきたことであり、また「教養科目」すべての背景にありました。

一年生のときに、私はまことにびっくりしたのですが、南部の学生がボストンへやってきて「われわれは南北戦争が終わったとは絶対に認めていない」と。これは議論をふっかけてけんかをしているようなものだったのですが、それぐらい、アメリカの歴史というのは統一性を欠いた歩みをずっと続けてきたのです。各州によってイギリスとの関わり、あるいはフランスとの関わり、スペインとの関わり方が違っているし、しかも小さな州、大きな州がくっついたり離れたりしながら、最初の二〇〇年を歩んできたわけです。本当にアメリカが一つの国になったのは、南北戦争ではありません。皆てんでに「自分のアメリカ」を掲げていたことは間違いありません。しかし、「アメリカとは」と言っても、誰もが納得する説明のできる人は誰もいなかったのがこの時代でした。

そういう大学での教養教育とはどんなものだったのでしょうか。このように、背景がばらばらの学生がたくさんいるところでの教養教育はとても難しい。名門と言われたハーバードでも、実はその状況でした。四、五種類の、非常に質の違う、社会的、宗教的な背景の違う、人生の目標の違う若者たちがそこにはいました。よく言われるのは、ハーバードやプリンストン、イェール、コーネルなどにはプレップ・スクール（preparatory school の略）という特殊な学校から来ている学生が多いということです。二〇～三〇年前にイェールの先生であったシーガル（Eric Segal）という人が書いた *Love Story* という小説がありました。映画にもなりましたが、これは、あるプレップ・スクールから来た典型的な、いいかげんな学生の話です。主人公である彼は、特に学問が好きというわけではない。秀才でもない。親父さんはニューヨークで大きな法律事務所を開いている。自分もいずれはそこに行くので、とにかくカレッジに行って勉強して、そのうちロースクールへ行く。何も怖いものもないし、世の中は順調にいくことが当たり前のように思っていた学生の話です。

そういう人たちが新入生の中に一、二割ぐらいいました。ちなみに一学年は一〇〇〇人です。この人たちは本当にぼんぼんで、のんびり暮らしていれば自然に卒業できます。プレップ・スクールというところは日本の旧制高校と同等の教育レベルを持っていました。私も旧制だったので、大体われわれと同じぐらいと思っておりました。ただ、プレップ・スクールのほうは哲学はやらない。バンカラなふうをして漢詩をうたうようなのはやはり日本独特の風景であり、アメリカのプレップ・スクールの学生はそういうことはなく、深遠な哲学や深刻な人生問題などにはあまり興味がなかったようです。ほかのことは大体同じような感じでした。プレップ・スクールというのは、東部の非常に古い学校で、多くは二〇〇～三〇〇年の歴史を持っています。私が入ったのはアンドーバー（Andover）というところにあった学校で、新島譲や新渡戸稲造が学んだところだからおまえも行け、と言われて、何もわからずに半年ぐらい行っておりました。

そのほかに、一般のハイスクールから来ている学生が五、六割いました。これは普通の高校卒業生だが、各州、特に東部、それからミッドウエストからの学生が多かったです。基礎学力や生活慣習など、さまざまな面での背景、それから「しつけ」という点においては、プレップ・スクールからの学生たちよりは、まだだいぶナイーブな人たちでした。

それから、各国からの留学生がたくさんいました。まだ第二次世界大戦の余燼がくすぶっているような時代でしたが、ドイツ、フランス、スイス、イギリスやイギリスの植民地、それからポーランドなどの諸国から戦中、戦後の難民としてアメリカへやってきた人たちの子弟がいました。また、一年生のときには、東洋から、特に中国から来た多くの学生がいました。香港経由で本国から逃げてきた人たちの子弟が大勢いたのです。それから、韓国からも一人、フィリピンからも一人いました。日本人は一人だけでした。

それからもう一種類、かなりの数のグループがありました。その頃にはアメリカ軍に従軍していた兵士たちで、もしカレッジに入学することを希望すれば、しかるべき審査を経て入学が許可されるという人たちが何十人かいました。彼らは厳粛な大人で、戦争経験者であり、幾人かは太平洋で日本軍と戦火を交えた人たちでした。このように新一年生といっても、年齢もばらばら、顔色も出身地もばらばら、同じアメリカ人でもピンのほうの人一部とキリのほうの人の大部分が混ざって入っていました。カオスが望ましい条件であるとすれば、きわめて望ましい条件が、そこにはあったように思います。

カレッジというのは、そういった雑多な人たちをスタートラインの一線上に並べて、四年生が終わって卒業するときには均質なハーバード卒業生に仕立てて出す、というのが目標だったのです。

もちろん一応入学試験もありました。私も四科目か五科目か受けました。アメリカ史は受けないほうがいいと言われて受けませんでした。アメリカには王朝史というものがありません。当時、アメリカ史の勉強は、一般のハイスクールでも、プレップ・スクールでも、非常に大きな比重を占めておりました。これにはいわゆる教科書というものがなく、学生には、「これを読め」と言って大きい資料集のようなものが与えられます。そして「何年に何とか州において何とか法が制定されて、その内容はかくかくしかじか、背景はかくかくしかじか」というようなものを読まされて、そして学生はそれらの膨大な資料をもとにして自分でアメリカ史の全体像をつくるのです。実際、南北問題のようにお互いの主義と利害関係が険しく対立したまま残っている問題が一つではなかったので、簡単に教科書がつくれなかったのだと思います。

また、学生の中には数名の黒人がいました。学力も常識もすぐれた人たちで、少しは知り合うこともありましたが、ボストンでも完全に別扱いでした。住んでいる部屋も食卓も違い、お互いに交わることがありません。南部から来ている学生は、公然と黒人に対して侮蔑的な態度をとるのが当たり前というような時代でした。

*

少し具体的に教養科目について話をさせていただきます。私はその頃、管理職ではなかったので、一般教養と言われている授業が何科目の編成になっていたかということはほとんど知りませんでした。これからするお話は、受ける側からの印象だけにとどまるもので非常に偏っていると思われますが、お許しいただければと思います。

教養教育をカレッジの生命としなければいけない、ということを言うようになった理由が、もう一つあります。アメリカにおけるカレッジ教育には、多種多様な要素を何とか均質化しようとする動きとして、先ほどのお話のようなことが一つありましたが、もう一つは、自然科学からの脅威です。一九三〇年代中頃から、アメリカの大学では、専門教育、特に物理学や化学の研究を、特に大学院を中心として充実させていかなくてはならなくなりました。ドイツではナチスが台頭しており、欧州諸地からナチスを逃れてアメリカへ来る物理学者や化学者がたくさんいて、しかも、アメリカの一般学者より業績において優れている人たちが大勢いました。その人たちが、アメリカにおける科学技術教育を高める必要を訴え、そうしないとアメリカそのものの存在が危なくなってくるという考えを広める契機をつくったのです。アメリカ人の学者の間でも、ヨーロッパはどうなのかわからない、だが、とにかくヒットラーが科学技術教育に努力しているわけだから、アメリカにおいても科学技術教育をもっと一生懸命にやらなければいけない、ということをしきりに言う人が増えてきたのでした。

その先鋒にいたのが、若くしてハーバードの学長に選出されたジェームス・ブライアント・コナント(James Bryant Conant 一八九三—一九七八、学長在任期間 一九三三—五三)という人でした。本当に、教育精神の塊みたいな人で、いつも大学の中を歩き回っていて、寒い日に背中を丸めている学生がいると後ろからどやしつけて、「おまえはハーバードの学生だろう」と言ってしかりつける先生だったのですが、その先生にしかられるのがうれしくて、わざと寒そうに歩いて「今日先生に殴ってもらった」と言って喜んでいる者もいました。その先生が、筆頭に立って科学教育の充実を唱え、大学院における専門教育の確立を唱えてハーバードをそのように改革していこうとされたわけです。

それに対して、旧来の人文教育を主とするカレッジ教育を支えてきた先生たちは、このまま放っておいたらとても成り立っていかない、つまり人文教育が壊滅してしまうという危機感から、人文教育充実のために心ある先生たちが一生懸命ところかまわず演説し、「人間の歴史と文化をしっかりと組み立て、未来の指針とすることこそが大学の命なのだ」と論陣を構え、科学教育万能論を牽制しようとしました。

ほかの大学でも、たとえばシカゴ大学にはハッチンス（Robert Maynard Hutchins 一八九九－一九七七）という大変有名な学長がおられました。この方もやはり人文教育と振興の旗頭に立って、科学万能時代における General education の必要性を強く説かれた方として知られています。また、この頃書かれた本でアドラー（Mortimer Jerome Adler 一九〇二－二〇〇一）の『いかに本を読むべきか（*How to Read a Book: The Art of Getting a Liberal Education*, 1940）』というのがありました。多くの人々は『本を読む本』（アドラー＆ドーレン著、外山滋比古・槇未来知子訳、講談社学術文庫、一九九七）と言っているけれども、本当にその内容が正確に吸収されるためにはどういう手立てが必要であるか、ということをまとめたもので、日本でも戦後すぐに翻訳されて出た本だと私は記憶しています。新しい人文教育の必要性を説き、またそのために手立てをして、読書の正しい方法がクローズアップされていた時代でした。

＊

では、どのような学生生活と授業風景がそこでは見られたか、限られた例でありますが、少し話させていただきます。

背景もばらばら、興味も経験もばらばらばらという若者たちを集めて、教養科目に該当するものを三科目とらなければならない。自然科学、人文諸学、社会科学の三つ、外国語は二つ、体育の履修もやらなければいけないということは大体一年生に要求されることであり、日本の新制大学で行われてきたものとそれほど変わらなかったと思います。

ただ、大きな違いは、ハーバードでは一学年の全学生が寮生活をするということでした。背景がばらばらで、目的も違う、動機づけもみんな違うものであっても、最初の一年、一緒のところで一部屋二人ないし四人で寝起きするわけです。アメリカの住居生活でもおそらくハーバードの一年生の寮がいちばん粗末だろうと思われるような部屋でした。建物は築三〇〇年ぐらい経っていて、それを一生懸命塗り替え、塗り替えして使用していました。ニュー・イングランドという土地は本来、質実剛健をモットーとしているところですから、家はどんなに古くなっても直して使います。窓枠も床もぼろぼろになっても直し直してそのまま使う。シャワーも便所も共同使用。風呂はありません。そういうところで共同生活をするのです。いわゆる「寮生自治」という仕組みはなく、各扉口には監督役の若い先生が住んでおり、外庭には大学が雇い入れた「ヤード・ポリス」が巡回しており、不心得者には眼を光らせている。

そして、朝六時半か七時、とにかくものすごく早い時間に食堂へ全員一緒に行き、そこで点呼をとります。そのようにして始まる一日を、皆一緒に過ごします。はじめはお互いにけんかをしたり、仲が悪かったり、「おれはあいつともう絶対に、今晩あの部屋では寝ない」とかごねるのが最初の一月、二月はいるのですが、九月末から始まって感謝祭の頃になると、大体落ち着きます。そして、お互いに自分たちの言い分をぶつけ合い、折合いをつけて、一緒に暮らしていく方法を見つけていくのです。これは、ディシプリンをまったく別にする人たちが、結局はお互い違うディシプリンを背景に背負っていることを認め合うことになります。そういう形で一年生は次第に一つのまとまりになって行きます。

もう一つの違いは、一年生に対する指導体制が非常にきめ細かく行き渡っており、学生二、三人ずつに一人アドバイザーがつきます。教養科目は複雑に絡み合っていて、自分の興味と講義内容が本当にうまく合うかどうか、自分が今まで受けてきた訓練と講義単位取得のために要求されるものとが適合しているかどうか。そのような事柄について、学生は自分で判断できないわけだから、それの相談に乗ってくれる相談員が学生三人に一人ずつつきました。中には、若い学生が好きだから、そういう人たちの相談に乗りたいという大先生にめぐり合う場合もありました。微分学のJ・B・マン教授もその一人で、私も四年間を通じて大層お世話になりました。大体そのようなアドバイザー役は、大学の中身をよく知っている助教授ぐらいの先生が引き受けていました。学生の扱い方をよく知っている先生が、学生一〇〇〇人に三人ずつついたので、およそのべ三〇〇人ぐらいはその役に当たっていたのではないかと思います。

一年生のためにそういう役を引き受けた先生は、一週間に二回ぐらいオフィスアワーを設けて、一定時間には必ず相談に乗る。特に一学年の最初に受講科目を選定するときには、アドバイザーの先生からの非常にきめ細かい指導がないと、結局一年間が無駄になってしまいます。そういう違いがありました。

もう一つ、これも大きな違いだと思うが、一学年に四科目以上の講義科目の履修はできません。ただし、一科目は週三回あり、そのうち大体二回は先生の講義で、あと一回は別の若い助手の先生や、もう論文の提出のみを残すだけになった大学院の院生たちが、たとえば受講者五〇人の講義であれば五人で一〇人ずつぐらいに分担して、細かい指導に当たりました。

何を指導するのか。通年の一つの講義を聞き、単位取得を目指す学生は指定された参考書を五〇冊ぐらい読まなければなりません。年初、大きなリーディング・リストが渡され、何月何日までにこれだけ読むという日程表も渡されます。学生は、頭を抱えながら必死になって読みノートをつくります。読んでおかないと一〇人単位の細かいグループの指導についていけない。若い先生は一人ひとりにがんがん聞きます。「おまえ、本は読んだか」「はい、読みました」「何章・何節に何て書いてあったか言ってみろ」「読み方がよくない」という話になります。

だから、一講義を聞いて、読んで、しかも毎週あるいは二週おきぐらいに書いたものの提出を求められるので、それについていくのは学生側にとってもたいへんな労力です。これは英語に不馴れな留学生にとってだけではなくて、アメリカ人学生にとってもそうなのです。

＊

ここでどのような講義が行われていたか。たとえば、「極東の文化と歴史」という大変有名な大講義がありました。それは中国、韓国、日本、ベトナム、フィリピン、インドネシアといった国々の歴史と文化についての講義でありました。私は最初、あまり興味がなかったのですが、日本の大学では絶対聞けない種類の日本の話が聞けるから出たほうがいいと言われて出ました。聴講者は全学年を通じて四〇〇〜五〇〇人はいたと思います。われわれ一年生のように何も知らないのもいれば、国務省所属の外交官など、極東について知的・職業的探究心のあるアメリカ人のみならず、イギリス人やフランス人も来ているという、混成の聴衆でありました。

その人たちを相手に、中国史はフェアバンク先生(John Fairbank 一九〇七－九一)という老熟の大教授、日本史はライシャワー先生(Edwin Reischauer 一九一〇－九〇)で、当時はまだ助教授であった先生は、講義がそれほど得意ではありませんでした。アイデアが頭の中にいっぱいになってことばがついてこない、という感じの熱烈さで、日本関係の講義は一週おきぐらいにやっておられました。そのお二人が軸になり、あとは韓国史やインドネシア史の専門家の先生たちが三、四週間おきに一回、間に挟まってきました。そして、極東の歴史を講ずるに際して各国別に講ずるのではなくて、共時的極東史を描き出す方向をたどるものでした。たとえば一九一〇年というのは韓国にとって何だったか、日本にとって、中国にとって何だったかということを各国史を軸にして講義されました。

日本ではこういう講義は聞けないと思って、そのときは聞いたものです。でも、後になってわかったことなのですが、その背景にあって大きく作用していたものは、江戸時代に日本の出島に来ていたオランダの商館長の日記でした。韓国には韓国の暦による、中国には中国の、日本には日本の暦による歴史記録が、それぞれの国に残っているのですが、共時的に、ある年次に日本では何があったか、韓国では何があったかということを共通の暦によって記録して、しかも西暦を使って西洋諸国の出来事との前後関係を検証できるように書かれているのが、かの出島の商館長の日誌なのでした。後に、東洋史の山本達郎先生（一九一〇－二〇〇二）、それから国史の永積洋子先生（一九三〇－）などが、「商館長の日誌は極東史の枠組みとして使える」とお書きになっていますが、それをわれわれが一年生のときに教わったことと突き合わせてみたとき、オランダ資料の視点が背景にあったということを後になって知る思いがしました。

また美術史の講義で、記憶に残っているものがあります。ローランド教授（Benjamin Rowland 一九〇四－七二）の講義でありました。歴史記述や評伝において語られている人物と、絵画あるいは彫刻において造形されている同じ人間がどのように対比できるのか。似ているのはなぜか、似ていないのはなぜか、ある伝記作者が書いたものと、ある彫刻家が刻んだものとはどこに一致点を見出すことができるのか。そういう諸問題について、問題の輪郭については詳しく講義されるけれども、結局、先生自身は解答を出さず、ただ、これを読んで、これを見て、来週までにレポートを書け、という講義の進め方でした。

ご存じのように、ボストン美術館はたいへんに多くの肖像コレクションを持っています。ハーバードにもフォグ美術館（Fogg Art Museum）という立派な美術館があるのですが、それらの収蔵品の現物が、教材として指定されるのです。それから、例のリーディング・リストですが、古今の史伝、評伝というジャンルの文献を、もう嫌というほど読まされます。たとえば、ローマの皇帝アウグストゥスの像がボストンにあるのですが、それとスエトニウスという伝記作者の『アウグストゥス伝』を読んで比較して論ぜよ、とか、それに類する課題が幾週おきかに出る。たとえば、ゴッホの肖像画とゴッホの手紙とか。そのように複数の時代、複数の言語、複数のジャンルにまたがって、そこに生きていた人間の消息と美術的表現とを突き合わせていく。このような、対面的に人間の姿に迫る手法はとても面白く、また後日自分の勉強のためにもなりました。

当時、アメリカ東部の古い大学にはそのように東西世界の文化、世界の歴史に深く関与していくことによって、自分たちが継承していくべきものを明らかにしたい、そしてそこに、今後の自分たちのアイデンティティを見つけていきたいという強い傾向があったためでありましょう。たとえば戦後のイタリア、ルネサンス研究の大中心地はハーバードであり、今もそうですが、独占的に進められたようなところがあります。その頃、シングルトン（Charles Singleton 一九〇九－八五）といういたいへん高名なルネサンス学者がおり、「ルネサンスの歴史と文化」という題で、まったくわれわれの目も耳も完全に魅惑し去るという名講義をなされました。そのとき、やはり一年生で聴講していた学生の一人に、ポール・アルパース（Paul Alpers）という大秀才がいました。彼は比較文学専攻でした。その頃、比較文学という課程は非常に難関で、普通の学部学生ではとても手に負えないという評判だったのですが、彼はそこへ進みました。つい数年前に、彼やその仲間たちの努力で、やっとハーバード大学出版会から「イ・タッティ・ルネサンス叢書（*I TATTI RENNAISSANCE LIBRARY*）」の刊行が始まりました。たとえばレオナルド・ブルーニ（Leonardo Bruni）の『フィレンツェ市民の歴史（*History of the Florentine People*）』とか、フィチーノ（Marsilio Ficino）『プラトン神学（*Theologia Platonica*）』とか、そのような名著の歴史テキストと翻訳注釈を一冊ずつにまとめたものが含まれています。つまりシングルトン先生の説かれた情熱が、ポール・アルパースたちのそのような仕事として花を咲かせ実を結んだのは、実に五〇年あとでありました。教養教育の稔りには時間がかかるということを、今改めて感慨をもよおしたところです。

*

さて、講義単位を取得するということは、すなわち、聞く、読む、書くという訓練にほかなりません。後になって考えれば、ルネサンス文化であろうと、ギリシア文学であろうと、中国の歴史であろうと、講義の内容は何であっても、ただ、完全に「読め、読め」と言って読まされ、「書け、書け」と言って書かされ、耳と目と手をくたくたになるまで使うというのが教養課程であったように思われます。そして読む技術、書く技術、技術の習得が教養課程の目標であったと今になって思います。

はじめは、皆同じようには決してできないのですが、一年やってみると、聞き、読み、書くという能力においては、ある一定のレベルに達するようになります。つまり、教養教育というのは、教養というありがたい教えを耳で聞いて覚え込む、というのではなくて、それまでできなかったことができるようになること。すべての教育の目的は多分そうだろうと思うのですが、それを明示して、目標達成のためにあらゆる方策を講ずることにハーバードの教養教育の主眼があったように思います。

他方、評価というのをハーバードの一年生はそれほど気にしない。評価を気にするのは、奨学金をもらわなければやっていけない学生です。全額免除の特典を維持しようと思えば平均点八五点以上ないといけない。Bプラスが最低水準です。なかなか九〇点はもらえません。だから、貧乏人は必死にならざるを得ない。留年などというけっこうな制度はハーバードにはなく、勉強ができない、金が払えないというなら来年から来なくてよいと、容赦ありません。そういう心配のない裕福なお家のぼんぼんは、七〇点がついても「ジェントルマンズC」と称して「われわれはCでいいのだ」などと言って割とのんびりしているのです。

今日、日本の一般の学生生活との違いは、一つには先ほど言った寮生活です。寮にいれば皆一定の規則の下に同じ学業をスケジュール通りにこなしていくわけですから、自分だけサボるというわけにいかなくなる。兵隊の生活と同じだといって苦情を洩らすものもいました。もう一つは、アルバイトは絶対できません。そんな時間はあり得ないのです。かつて日本の学生さんはみんな貧乏でアルバイトをしないとやっていけないという大秀才もたくさんいたのですが、今、本当に学生はアルバイトをしないとやっていけないのでしょうか。もし、ある大学で「アルバイトは禁止」と言ったときには、学生は来なくなってしまうでしょうか。それとも「これは本当に勉強をさせる大学だ」と思う親が、喜んでそういう大学に子どもを送るでしょうか。大学側の決意次第では、そういう転機が近く訪れるのではないかという気がします。

＊

ハーバードに入った新一年生全員にとって、特に留学生にとっては、苦痛この上ない苦行がもう一つ待ち受けていました。それは留学生だけではなくアメリカ人の一般学生にとっても苦行であったということがわかったのはその後一〇年も経た後のことです。それは「イングリッシュA」という実技科目です。後に私自身その科目を担当してみてはどうかと勧められてやってみたのですが、教える側でもすごく苦しみました。先ほどのお話で、一般学生の日本語の能力停滞を嘆く声があるとのことでありましたけれども、アメリカ人の学生は大学一年生のときに英語がちゃんと書けるかというと、そうではありません。ハーバードのようにいちばん優れた学生が入学しているに違いないと思われる大学でも、一年生当初は英語がよく書けないのです。それで、イングリッシュAという科目があり、これが烈しい訓練の場になります。担当は若い先生であのように教えてくださったと、今になって感謝しているのですが、その頃は鬼みたいなやつだと思っていました。

一般教養科目のように何か講義に関連したテーマがあって読み書きするのではなくて、毎週、身辺の時事評論や文芸欄、科学欄のようなところから、「これを読んで、この問題を別の視点から書いてみよ」と言われます。これも一クラス一〇人前後のグループで行われますが、われわれのクラスの最初の課題は「二つのものを任意に選び、比較して論ぜよ」という雲をつかむようなものであったことを覚えています。そして課題を三〇〇～六〇〇字の作文にまとめて毎週金曜日の午後四時に提出と決められていました。土日に先生が見て、月曜日の授業の時間に返してくれるのですが、提出したペーパーは、最初の頃は、語法用法の誤り全部が真っ赤になるほどに訂正してありました。

まず英語を書くのであればイディオマティック（普通に人が日常的に用いる、慣用的な表現）でなくてはいけないということが基本的には一つあるのですが、ここでそれ以上に難しかったのは、「トライト・フレーズ（tried phrase）」だとか「クリシエ（cliché）」だとかと言われている用法・表現の理解についてでした。トライトというのは「使い古された、すりきれた」という意味です。自分の考えがはっきりしていなければ作文はできませんが、考えを正確に表すときには人の手あかのついたような表現を使うなということです。これは日本語の作文とたいへん違う点かもしれません。それから、クリシエというのは人の口にしょっちゅう語られている、ちょっとしゃれた表現のことですが、これは絶対にいけない。それから、自分がきちんと説明できないことばや概念は使ってはいけない。捕らえ所のない抽象的な表現や、自分の能力、年齢、立場において使えることばと使えないことばがあるということをよく知っていなくてはならないのです。これらはカレッジ学生にはなかなか難しい要求でしたが、特に留学生にとっては難儀でありました。出す作文、出す作文、「ここがはっきりしない」とか「ここがトライトだ」「クリシエだ」と言われるのですが、一年生はまだ正確な見分けも、正しい使い方もできないのが普通でありました。英語文化全体に及ぶ理解も要求されました。英語の語彙は、大きく分けてアングロサクソン語系とラテン語からつくられた二様の単語から成り立っていますが、文脈に従った各々の使い方を間違えてはいけない、と言われ、それでまた随分直されました。

ついに音を上げて、「いい作文のお手本はいったいどこにあるのですか」といつか私は尋ねたことがあります。その頃、「ハーパース・マガジン(Harper's magazine)」と「ニューヨーカー(The New Yorker)」の論説がよくお手本とされており、自分でよく研究してみろと言われました。内容と文体との相関などそう簡単にわかるわけもなかったのですが、藁をもつかむ思いで随分たくさん「ニューヨーカー」を読みました。「君たちは皆、同じようにできないのか。君たちは全部、文字の使い方を知らないほど馬鹿なのか」と毎週毎週言われ、そのまま一年が過ぎていきます。そうすると、自分はよくできると思っていた学生の中にはつぶれる者も出てきますし、最初はできない学生であっても一生懸命やれば何とかついていけるという自信を持つ者も出てきます。学生が、「自分は正しい使い方をしていたから、文句を言われたことがない」などと言うと、先生は「それは、君の周りにいた人がみんな馬鹿だったからだ」と切り返す。あれはたいしたものだと思いました。今にして思うと、あの鬼みたいに思えた先生は偉い、信念の人だったと思います。

このような、教場における訓練は、一年生になりたての当初は堪え難いほどに思われます。各自多種多様の背景を持ち、各々自分はよくできる学生だという自負もある。ところがこのような諸々の難題に見舞われるとは思わないで来ているから、途中で音を上げる者もいるし、反乱を起こしたりするのもいます。でも、結局は所定のラインに全員をそろえるのが教養教育であり、イングリッシュAのクラスでありました。これを全部の学生がやらなければいけない。例外なし。

体育もありました。実は、かの豪華船タイタニック号には、アメリカからヨーロッパへ行って帰ってくるハーバードの学生、卒業生が百何十人乗っていたのですが、そのほとんど全部が泳げないために死んでしまった。これは大損害である。というわけで、ハーバードの学生は卒業までに二〇〇ヤードは必ず泳げることが卒業の必須条件になりました。これが体育訓練の基礎でした。二〇〇ヤードというのは、二〇〇メートルそこそこです。それはまじめにやれば何でもありません。大体みんな泳ぎぐらいはできる学生が多いのです。でも、中にはできない人もいて、四年間かかってやっと二〇〇ヤード泳げるようになったと言って自慢している者もいました。もっとずるい学生は、これをやっている間、体育は免除だというので、体育の時間に「なかなか泳げるようにならない」と言って、気持ちのいい温水プールに入って四年間バチャバチャして、ほかのことは何もやらないで済ます、という不心得な学生も何人かいたと聞きました。二〇〇ヤード泳いだあとは、何でも好きなスポーツに一週間何時間か参加して、出席簿に名前を書いてくれればよく、特に難しい体育理論などは教わることはありませんでした。

そのようにして、一年が終わると、「ああ、やっと終わった」と思うのですが、実はそれが二年生、三年生からの講義や演習についていくためには必須の、素晴らしい予備訓練にもなっていたのです。ものを読み、書いて、提出する、という形での受講が、二年次以降、卒論提出のときまで続いていく。正確にものを書けないと、単位取得できないという仕掛けが続くものだから、一年生の、まるでタコ部屋のようなところに押し込まれてヒイヒイ言わされる訓練こそが、実は専門教育への基礎であったということがわかるのです。

このような教養教育は知識の拡充ではなく、能力の錬磨です。それから、何があっても負けないという覚悟を内に蓄えていく課程です。それがハーバードの一年生教育で、一種の軍隊生活みたいなものですが、他のどこにもないよいところがありました。教養教育が日本中全部の大学で再構築されるなどということはまったく望むべくもありませんが、どこかで再構築されるものであるとすれば、私が経験したものに似たものであってほしいと願います。何かができるようになる教育であって、何かを頭に詰め込むというものではないほうが、後々まで伸びていくものではないか、と思うのです。

私は、たまたま後年、母校においてそういう立場に立たされましたが、教養科目は、教わるよりも教える者にとってはるかにきつい経験でした。「一つやってみないか」と偉い先生に言われ、「とてもできません」「いや、これはやはり一つの人生の関門だから」とか何とか言われて、「じゃ、やってみるか」と思って、うかうかと乗ったのです。そうすると、「何という講題でもかまわない、自由に考えてみなさい。たとえば西洋文学における悪 (evil) の問題でもいいし、何でもいい」と言われて、たくさんの種類のリーディングのリストを渡されるのです。「この中から一年生が読める程度のものを五〇冊ぐらい選び出して、それを読ませて、あなたも知っているだろう。あのやり方でやるのだ」というわけです。私はびっくりしてしまいましたが、もう引っ込みがつかなくて、これを三二、三歳の頃にやりました。

自分で本を選び、「西洋における告白文学 (confession)」という題を掲げてやりました。手初めはプラトンの『第七書簡』、これが告白文学かどうかはわかりませんが、とにかく自分の半生の彷徨を語っているのだから、これはプラトンの「告白」なのだと。それから、アウグスティヌスなどあまり詳しく読んだことがなかったのですが、これも一生懸命読み、教材化してみました。そして、ルソー。また、告白文学と言ったときに、「告白文」と称しているものだけではなくて、作者自身のことばを語っている人物が登場していればそれはもう「告白文」とみなされると勝手に解釈して、ドストエフスキーの『カラマゾフの兄弟』も選びました。何しろ学生に読ませるのは大きい本でなければだめなのですから。ところが、教える側の準備がたいへんでした。本当に死ぬ思いをするほどでした。しかも、学生たちは自分自身が何を考えているのかも知らないのに、いや、知らないものだから、やたらに質問するのです。答えられるものにも答えられないものにも答えなければいけないし、ヘマはできないし、日本人の名誉がここにかかっている、と一生懸命にやりました。とにかく、教養科目を担当するということは、自信と学力も必要でしょうが、覚悟のほうがずっと大切だというような気がしました。

＊

そういう難事業をさせていただいたおかげと、感謝することもその後幾度もありました。山形で創立一年目から始める新しい大学（東北芸術工科大学）があり、初めて一年生が入ってきたときに、その一年生に向かって全体的な講義をする人間が必要だ、「おまえだ」というわけで、毎週金曜日一時限、「芸術文化論」とかいう題の通年講義を六年間やらねばならない羽目となりました。新入生たちに一生懸命ものを読ませ、書かせるように講義をつくる、ということを、曲がりなりにではありましたがとにかく続け、学生さんたちも面白い反応を何回も見せてくれたことがありました。

われわれの東北芸術工科大学というところは、ものをつくる技術を修得するところで、要は彫刻をしたり、絵を描いたり、工芸品をつくったりするのが芸術分野であり、工学部門では都市計画、村の設計や治水、その他のさまざまな土木、建築関係の仕事や情報技術を教える大学で、二学部制でした。そこへ集まってくる学生さんたちは、教養の講義を聞いて単位をとることは得意ではないし、興味を持たない者が多いのです。しかし、ものをつくらせる方向に話題を組み立て、いろいろ刺激になるようにテーマを課すと、非常に面白い反応をするということがだんだんわかってきました。

たとえば、これは先ほどの「人間の肖像」という、かつて自分が学生時代に教わった講義からヒントを得たものが一つありました。山形美術館というところに、かなり優れたコレクションがいろいろ収蔵されていて、たとえばシャガールの「ダフニスとクロエ」という四二枚のシリーズの作品集があります（そのコレクションが全部あるのは割と珍しいことです）。まずロンゴス（Longus）の小説『ダフニスとクロエ』を説明し、各自に読ませます。次に美術館でシャガールの絵が展覧されているときに見に行かせて、本当にシャガールが文学作品の中で最も絵画的と思われる場面を絵にしているかどうか、という点を各自の眼でよく調べて、その結果を書いてもらったことがありました。

ロンゴスの『ダフニスとクロエ』（松平千秋訳、岩波文庫、一九八七）は牧歌小説ですから、その中には非常に絵画的、描写的な場面がたくさんあります。森や牧場の描写があったり、小川があったり、ほこらがあったり、さまざまな人の顔が現れたりします。その中で、「絵画表現に最も通じていると思われるのはどれか」という設問に対して、ほとんどの学生は「この場面がいい」とか、「この背景になっている牧場が非常に絵画的だと思う」という答案を書いていました。

しかし、その中に一人だけ、目に見えるものを何も書いていない場面、つまりミツバチがブンブン飛んでいたり、新鮮なミルクのにおいがするような場面、五感のうち視覚だけが欠如している描写、それがいちばん絵画的表現を促すものだという答案を書いた学生がいたのです。それは「目で見えるものを絵で描いてもしかたがない。目で見えるものは描かない。目で見えないものだけをそこに描く。そこに本当にいい絵をつくり出すエッセンスがあるように思う」というものでした。米沢の興譲館という、大変りっぱな昔からある高校で、米沢藩の藩校だったところですが、そこから来た学生でした。驚きました。

そのようなことで、自分がカレッジの一年生のときに、あっちで見、こっちで痛い目に遭いながら身につけていったことが、その後四〇年も五〇年も経ってから、思いがけない形で新しく芽を出し、役に立って、ありがたいなという気がしたものです。

## 付記（編者）

本稿は、二〇〇四年八月二三日、「お手本を求めて」というタイトルの下、「教養教育の再構築」プロジェクトのシンポジウム（於新潟大学統合脳機能研究センター）において行ったものに加筆し、若干の修正を施したものである。講演全体は、同プロジェクト第二回報告集に収められているが、講演者の許可を得て、若干の修正を施し、ここに再録する次第である。敗戦後、一九四九年、ニュー・イングランドの地に赴き、いわゆるプレップ・スクールを経てハーバード・カレッジで「みっちりとしごかれた」、その様《さま》が今日でもまったく色あせることなく、ひしひしと読者に伝わってくる。「教養」というものをこれほど具体的に、同時に象徴的に示した例はない。これは講演者が古典学（Classics）をカレッジで専攻したからというわけではない。実際、講演者の専攻（関心）は、最初、数学であった。

「専攻」を超えた、「学び」と「教え」の「戦い」がある。しかもこの戦いはでたらめな戦いではない。「カタ」に無理やりにでも入れ込もうとする力とそれに反抗する力の戦いである。しかし、その結果反抗するほうも、次第にカタを身につけてゆく。このようにしてカタが「引き渡される（traditio）」。

もちろん、時代によりカタも変化をまぬがれない。カタ破りの豪傑も登場する。しかし、当事者はカタをめぐって戦うのであり、カタをまたいで通ることは許されない。バトンは引き継がれるのである。

本講演の後、いくつか質問が聴衆から出た。その中の二つの質問と返答を併せて以下に収める。

## 一　仙石正和氏の質問と返答

**仙石**　新潟大学工学部の仙石です。情報工学とか、情報ネットワークのようなことを研究しております。今日、お話を伺って、何か非常に得をしたような気持ちになりました。ありがとうございました。

教養教育のことがよくわからなくて、私も何をしていいのかわからなかったのですが、今日のお話を聞くと、「ああ、そういうことだったのか」と。前からそうかもしれないけれども、もっと高尚だとずっと錯覚していたのですが、本当はそうではない、と。そう言ってはたいへん失礼なのですが、本当に、読んで、書いて、聞くという基本的な能力をつけるのだとはっきり言っていただいたので、今まで僕はそうでないものも期待していたというか、教養教育というのはもう少し知識みたいなものなのかとずっと思い込んでいたのですが、非常に本質的なところがよくわかった気がします。

そして、もしそうだとすると、それを担当する教員は相当優れていないと簡単ではないと思いました。私など非常に狭い分野しか一生懸命やろうとしないので、そうすると、多分学生の何倍も何倍も、そのときのアビリティが上がっていないと対応できないのではないかと感じました。

そういう意味で、先ほどハーバード大学では、担当される先生のところへ行って、「やってください」と説得するという話がありましたが、どのように担当教諭を選ばれ、何を具体的にやったらいいのかというあたりについて、どうお考えになっておられるのかお伺いしたいと思います。

**久保** 私も、その頃は本当に学生であって、どなたがどのように考えてなさっていたのかということについてはまったく知らないのですが、ハーバードにおいても、先ほど先生のお話にもあったような教養オフィス、オフィス・オブ・ジェネラル・エデュケーションというところがありました。そこでは、そのようなジェネラル・エデュケーションの理念に全部の方が共鳴していたわけでは決してないのですが、共鳴なさる先生方が何人かはおられ、その先生方を中心に、教養科目のプログラムを編み、そして全学の決定機関、ソサエティ・オブ・シニア・フェローズにかけていました。高名教授の間では、ジェネラル・エデュケーションでホメロスもダンテも並べて扱うやり方は反対だ、という意見があるということは直接伺ったことがあります。しかし、教授会の反対意見があろうと、教養学というものをバックボーンにしているカレッジの存立にとっては絶対必要だ、学生を見てくれ、学力を見てくれ、自然科学のほうを見てくれ、と。ちょうど今日も、われわれは何をしなければいけないのかということの草案が幾つも出ていましたが、そういう草案をもとにして練り上げられ、始められたのだと思います。

先ほど申し上げたフェアバンクやライシャワー、シングルトンという先生と、もう一人、私がたいへんお世話になったジョン・H・フィンレーという古典学者がおられました。その方たちは、非常に熱心に基礎訓練としての教養学の基礎を説き、全学が総力を結集するべきだと、たとえば学内の大小さまざまの集会を開いて話をなさっていました。それで一学生であった私にも何となくわかってきたのです。

寮で皆一緒に朝、昼、晩の食事をしましたが、そこには学生だけではなく、先生も来られ、学生も教育全般の情勢に対して理解を持つべきだといって、何回もテーブルでお話をされたことがありました。そういう非常に情熱的な先生方の努力が組織を動かす力となり、ハーバード・カレッジ全体としても、是非それでいこう、ということになったのだろうと想像しています。そういう動きが想像されるような先生方が、何人もいらっしゃいました。

ハーバードは、カレッジは小所帯ですが、巨大な大学院組織がその上にあり、そこにも教養科目の充実に積極的な若手の学者が多く、その人々の参加が得られたのでありましょう。その頃は本当に、自分たちとはいったい何なのだろうか、アメリカとはどうあるべきなのだろうか、という気持ちに動かされ、その答えを見つけたいと思う先生方が随分多くおられたように思います。そして、人文・自然科学にまたがるいろいろな分野で、それを見つけようとなさっていたようです。大学の興隆期には、そのように思う人が何人かいて、その理念の結集を図ることができるのだろうと思うのです。

## 二　佐藤慎一氏の質問と返答

**佐藤**　東京大学文学部の佐藤です。先生の経歴を初めて伺って驚きました。もちろんアメリカへ留学する教員は多いですが、先生の場合は戦後すぐ、しかもアンダー・グラジュエートでお渡りになった。その点で、古きよき時代のアメリカのアンダー・グラジュエートをご経験されて、しかも、日本の旧制高校も経験されておられますね。ともかく、そうするとどちらも少人数で、寮に入られて、どちらも、今のことばで言えば教養です。そのアメリカのハーバードのアンダー・グラジュエートと旧制高校の共通点と相違点は、どんなところだったのでしょうか。

**久保**　旧制高校とおっしゃいましたが、日本のほうはナンバースクールであったり、七年制の学校でありましたが、アメリカ東部の場合には、先ほど申したようにプレップ・スクールがそれに当たります。そして日本のナンバースクールは、実はアメリカのプレップ・スクールをモデルにしてつくられたものだと私は聞いております。だから、違いがあるとすれば、とにかく学生の見てくれが違うということが大きいです。

たとえば、プレップ・スクールやカレッジでは弊衣破帽《へいいはぼう》などというのは許されません。身なりということをまず言われました。シャツもタイもきちんとしてなくてはいけない。それから、靴も磨いてなければいけない。ひもを結んだままで履いたり脱いだりしてはいけない。本当にそんなことなのです。

ハーバードへ上ってからも、「いったい教養とは何だ」というようなことを学生どもがみんなでわあわあ言うわけですが、結局それは飯の食い方、ものの言い方。それだけではないのですが、でも、大体あとはもう何でもいいのだというふうに、みな納得していたように記憶しています。そこに、その人間のすべてが見えてくる、それが大きい、と。それから、身なり。これが旧制高校の学生たちと比べて大きな違いでした。

それから、旧制の高校生は皆哲学者の卵のような顔をしていたように思うのですが、アメリカ人の学生もその年齢の者たちは、皆いっぱしの理屈を頭の隅っこに入れてはいましたが、哲学者ぶるようなことはまったくなかったです。哲学者はダメ人間、というようなふうで、哲学者ぶる人はたいへん軽蔑されていました。先生も、どのような高名な学者でも、尊大な態度で学生に接する方は少なかったです。

若い学生たちだから、東京の学生とアメリカ東部の学生の間にそんなに大きい違いがあったとは私は思いません。共通点は、いずれにおいても先生たちが教育的情熱に燃えていたことで、旧制高校でもそうであったように思うし、プレップ・スクールで私が教わった数学やドイツ語、英文学の先生方も同様でした。学力の点では、プレップ・スクールから来た学生は、旧制卒が新制大学に入るようなものでしたから、カレッジの一～二年生の学力は十分にあって、教科によっては入学当初からカレッジの三～四年からすぐに入っていくものもありました。特に語学、数学の教科ではそうでありました。だから、四年在学していると随分先のほうまでいきました。先ほどの教養的、専門的という分け方にしても、きわめて柔軟で、専門的にどっぷり浸かって卒業するカレッジ学生もかなりいたと思います。

何が一番大きく違っていたか。やはり、哲学色がなかったということで、全体的にプラグマティックな感じが優勢であったことであろうかと思います。それから、やはり「しつけ」ですね。プレップ・スクールというところも全寮制であり、食堂で朝から晩までやかましく言われていたことの中で思い出すのは、「おまえたちはどんなに恵まれているか全然気がついていない。ぜいたくだ。ご飯を残すとは何だ」と言うのです。アメリカ人はご飯を残すのは当たり前のような顔をしているが、「自分がよそった分だけは必ず食べろ。腹が裂けても食べろ」「こういうものが食べられない人間が世界にはごまんといるのだ。お前たちは自分たちが置かれている恵まれた立場を知らない」。そういうことは日本でも言われたかもしれないですが、アメリカでは、東部の比較的裕福な家庭で特にやかましく言われていたようでした。

字を書くことの大切さもその頃からよく言われましたが、字が粗末な学生がぜいたくな万年筆を持っていて、取り上げられるのを見たことがあります。「卒業まで預かりだ。字が書けるようになったら返してやる」と。つまり、日本でもかなり昔の学校でそういうことがあったのではないでしょうか。学生が、自由だとか、個性だとか、そんな口幅ったいことを言っても通るはずもなく、たちまちやられていました。「自由なんていうことばは、自分が責任を持てるようになってから言え」「親のすねをかじって、こんなぜいたくばかりしていることを当たり前だと思うな」などと言われているのを聞いて、本当にびっくりしたものです。一九四九年の日本では、アメリカという国では何もかも自由で好きなことができるような印象が広がっていましたから、芝生を斜めに横切ったと言われて退学になった学生がいる、という話を聞かされて、まったく驚いたわけです。しかし、やかましい親と同じく、やかましかった学校のことを今はとても懐かしく思い出します。

数年前に、用事があってハーバードへ行きました。九月のはじめ頃でした。九月が新学年なので、その前には古い、汚い寄宿舎をきれいに一回掃除して、ペンキがはげているところはペンキを塗り、床のステインが薄くなっているところはもう一回塗り直すのですが、そういうことがちょうどなされたあとでした。古い寮に入ってみると、四〇年以上前の、大昔と同じにおいがしました。香りには強烈に記憶を喚起する力があって、「ああ、ここだった」という気持ちがいたしました。

跡見　順子（あとみ・よりこ）
1944年生まれ、東京大学名誉教授
専攻：運動生命科学
主要著作：「からだは細胞のすみか：そしてあるじは私――自分を知る生命科学」『16歳からの東大冒険講座1　記号と文化／生命』（培風館、2005年）、『身体運動・栄養・健康の生命環境科学Ｑ＆Ａシリーズ「骨格筋と運動」』（編著、杏林書院、2000年）

武田　邦彦（たけだ・くにひこ）
1943年生まれ、中部大学教授
専攻：資源材料工学
主要著作：『難燃高分子材料の高性能化技術』（テクノネット、2003年）、『何を食べれば安心か』（青春出版、2004年）、『環境問題はなぜウソがまかり通るのか』（洋泉社、2007年）

木村　龍治（きむら・りゅうじ）
1941年生まれ、放送大学教授
専攻：気象学
主要著作：『自然をつかむ7話』（岩波ジュニア新書、2003年）、『変化する地球環境』（放送大学教育振興会、2004年）、『気象・天気図の読み方・楽しみ方』（成美堂出版、2004年）

佐藤　学（さとう・まなぶ）
1951年生まれ、東京大学大学院教育学研究科教授
専攻：教育学、教育方法論
主要著作：『米国カリキュラム改造史研究』（東京大学出版会、1990年）、『カリキュラムの批評』（世織書房、1996年）、『教育改革をデザインする』（岩波書店、1996年）

中島　尚正（なかじま・なおまさ）
1941年生まれ、独立行政法人産業技術総合研究所理事
専攻：機械工学
主要著作：『工学は何をめざすのか――東京大学工学部は考える』（編著、東京大学出版会、2000年）、『人工物の構造と特性』（岩波書店、2005年）

葛西　敬之（かさい・よしゆき）
1940年生まれ、東海旅客鉄道株式会社代表取締役会長、東京大学先端科学技術研究センター客員教授、国家公安委員会委員
主要著作：『未完の「国鉄改革」――巨大組織の崩壊と再生』（東洋経済新報社、2001年）、『国鉄改革の真実――「宮廷革命」と啓蒙運動』（中央公論新社、2007年）

## 執筆者紹介

安西　眞（あんざい・まこと）
1948年生まれ、北海道大学教授
専攻：西洋古典学
主要著作：『ピンダロス研究――祝勝歌とその話者』（北海道大学出版会、2002年）、『フィロロギカ』1、2号（編集主幹）

新田　一郎（にった・いちろう）
1960年生まれ、東京大学教授
専攻：日本法制史
主要著作：『日本中世の社会と法』（東京大学出版会、1995年）、『太平記の時代』（講談社、2001年）

佐藤　彰一（さとう・しょういち）
1945年生まれ、名古屋大学教授
専攻：フランス中世史
主要著作：『修道院と農民――会計文書から見た中世形成期ロワール地方』（名古屋大学出版会、1997年）、『中世初期フランス地域史の研究』（岩波書店、2004年）

小川　浩三（おがわ・こうぞう）
1953年生まれ、桐蔭横浜大学教授
専攻：法学史、比較法
主要著作：『複数の近代』（北海道大学図書刊行会、2000年）

石井　紫郎（いしい・しろう）
1935年生まれ、日本学術振興会学術システム研究センター副所長、東京大学名誉教授
専攻：日本法制史
主要著作：『権力と土地所有――日本国制史研究Ⅰ』（東京大学出版会、1965年）、『日本人の国家生活――日本国制史研究Ⅱ』（東京大学出版会、1986年）、*Beyond Paradoxology*（慈学社、2007年）

久保　正彰（くぼ・まさあき）
1930年生まれ、日本学士院院長、東京大学名誉教授
専攻：西洋古典学
主要著作：トゥーキュディデース『戦史』全3冊（岩波文庫、1966－67年）、『「オデュッセイア」を読む――伝説と叙事詩』（岩波書店、1983年）、『ギリシア・ラテン文学研究』（岩波書店、1992年）

長岡　亮介（ながおか・りょうすけ）
1947年生まれ、放送大学教授
専攻：数学史、数学思想史、情報科学論
主要著作：『数学再入門』（放送教育振興会、2007年）、『初歩からの数学』（共著、放送教育振興会、2008年）

**編者紹介**

葛西　康徳（かさい・やすのり）
1955 年生まれ、大妻女子大学教授
専攻：ギリシア・ローマ法、西洋古典学
主要著作：Peithomai and Peitho in Homer — An Aspect of the Background to Greek Rhetoric (Bristol 1992)、「古代ギリシアにおける『紛争』に対する対応の二つの側面について」『法制史研究』50 号

鈴木　佳秀（すずき・よしひで）
1944 年生まれ、新潟大学教授
専攻：比較宗教学、旧約聖書学
主要著作：『申命記の文献学的研究』（日本基督教団出版局、1987 年）『旧約聖書における女性たち』（教文館、1993 年）、『ヘブライズム法思想の源流』（創文社、2005 年）

【未来を拓く人文・社会科学シリーズ 09】
これからの教養教育——「カタ」の効用

2008 年 3 月 10 日　初版　第 1 刷発行　〔検印省略〕

＊定価はカバーに表示してあります

編者 © 葛西康徳・鈴木佳秀　発行者　下田勝司　印刷・製本　中央精版印刷

東京都文京区向丘 1-20-6　郵便振替　00110-6-37828
〒 113-0023　TEL 03-3818-5521（代）　FAX 03-3818-5514
E-Mail tk203444@fsinet.or.jp

発行所　株式会社　東信堂

Published by TOSHINDO PUBLISHING CO.,LTD.
1-20-6,Mukougaoka, Bunkyo-ku, Tokyo, 113-0023, Japan

ISBN978-4-88713-818-6　C0330

## 「未来を拓く人文・社会科学シリーズ」刊行趣旨

少子高齢化、グローバル化や環境問題をはじめとして、現代はこれまで人類が経験したことのない未曾有の事態を迎えようとしている。それはとりもなおさず、近代化過程のなかで整えられてきた諸制度や価値観のイノベーションが必要であることを意味している。これまで社会で形成されてきた知的資産を活かしながら、新しい社会の知的基盤を構築するためには、人文・社会科学はどのような貢献ができるのであろうか。

本書は、日本学術振興会が実施している「人文・社会科学振興のためのプロジェクト研究事業（以下、「人社プロジェクト」と略称）」に属する14のプロジェクトごとに刊行されるシリーズ本の1冊である。

「人社プロジェクト」は、研究者のイニシアティブを基盤としつつ、様々なディシプリンの諸学が協働し、社会提言を試みることを通して、人文・社会科学を再活性化することを試みてきた。そのなかでは、日本のあり方、多様な価値観を持つ社会の共生、科学技術や市場経済等の急速な発展への対応、社会の持続的発展の確保に関するプロジェクトが、トップダウンによるイニシアティブと各研究者のボトムアップによる研究関心の表明を組み合わせたプロセスを通して形作られてきた。そして、プロジェクトの内部に多様な研究グループを含み込むことによって、プロジェクト運営には知的リーダーシップが求められた。また、プロジェクトや領域を超えた横断的な企画も数多く行ってきた。

このようなプロセスを経て作られた本書が、未来の社会をデザインしていくうえで必要な知的基盤を提供するものとなることを期待している。

2007年8月

人社プロジェクト企画委員会

城山英明・小長谷有紀・桑子敏雄・沖大幹

## 東信堂

### 〔未来を拓く人文・社会科学シリーズ〈全14冊〉〕

|  |  |  |
|---|---|---|
| 科学技術ガバナンス | 城山英明 編 | 一八〇〇円 |
| ボトムアップな人間関係—心理・教育・福祉・環境・社会の12の現場から | サトウタツヤ 編 | 一六〇〇円 |
| 高齢社会を生きる—老いる人／看取るシステム | 清水哲郎 編 | 一八〇〇円 |
| 家族のデザイン | 小長谷有紀 編 | 一八〇〇円 |
| 水をめぐるガバナンス | 蔵治光一郎 編 | 一八〇〇円 |
| 生活者がつくる市場社会 | 久米郁夫 編 | 一八〇〇円 |
| グローバル・ガバナンスの最前線—現在と過去のあいだ | 遠藤乾 編 | 二二〇〇円 |
| 資源を見る眼—現場からの分配論 | 佐藤仁 編 | 二〇〇〇円 |
| これからの教養教育 | 葛西康徳・鈴木佳秀 編 | 二〇〇〇円 |
| 平和構築に向けた知の展開 | 黒木英充 編 | 続刊 |
| 紛争現場からの平和構築—国際刑事司法の役割と課題 | 城山英明・石田勇治・遠藤乾 編 | 二八〇〇円 |
| 公共政策の分析視角 | 大木啓介 編 | 三四〇〇円 |
| 共生社会とマイノリティの支援 | 寺田貴美代 | 三六〇〇円 |
| 医療倫理と合意形成—治療・ケアの現場での意思決定 | 吉武久美子 | 三二〇〇円 |
| 改革進むオーストラリアの高齢者ケア | 木下康仁 | 二四〇〇円 |
| 認知症家族介護を生きる—新しい認知症ケア時代の臨床社会学 | 井口高志 | 四二〇〇円 |
| 保健・医療・福祉の研究・教育・実践 | 山手茂・園田恭一・米林喜男 編 | 二八〇〇円 |
| 地球時代を生きる感性—EU知識人による日本への示唆 | A・チェザーナ／訳者代表 沼田裕之 | 二四〇〇円 |

〒113-0023　東京都文京区向丘 1-20-6　TEL 03-3818-5521　FAX03-3818-5514　振替 00110-6-37828
Email tk203444@fsinet.or.jp　URL:http://www.toshindo-pub.com/

※定価：表示価格（本体）＋税